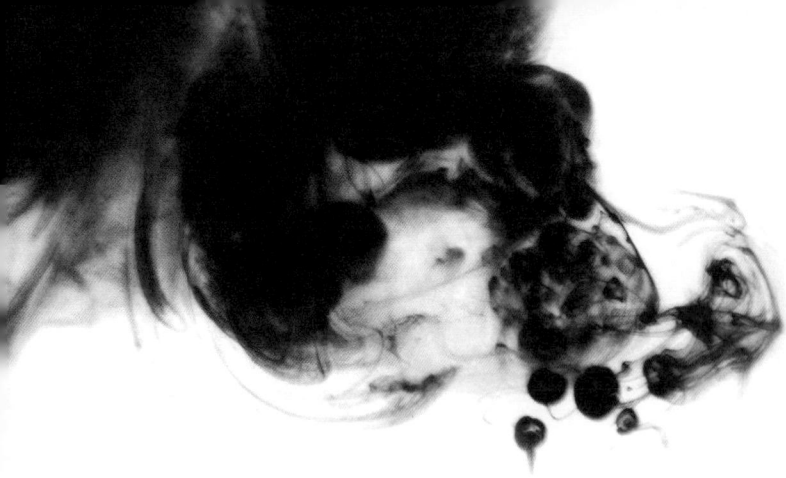

文化中国书系

中国社会科学院文化研究中心 编

当代中国大众文本价值考

兼从商业杂志变迁管窥文化产业前途

宋革新／著

社会科学文献出版社
SOCIAL SCIENCES ACADEMIC PRESS (CHINA)

摘　要

本文在系统梳理价值、评价、价值观这三个价值学核心范畴的基础上，分别从这三个视域探讨了当代中国大众文本的概貌及其重要一支——商业杂志的详态，以期在理论上探讨当代中国大众文本及其"个案"商业杂志的价值学相关问题，在实践上探索中国杂志产业的改革发展之路，进而管窥中国整个文化产业的繁荣之途。

以上意图是通过五章内容逐步展开的。

第一章阐明本文的选题因由，综述相关论题的研究现状，说明本文的研究方法和创新点，从而将本文论述嵌入了相关学术史。

第二章谈价值问题，指出在文化经济层面，大众文本价值的流通物是意义、快乐和社会身份；大众文本价值的内涵是被施予的自由劳动；大众文本价值的尺度是人类心理时空。

第三章谈评价问题，指出相关文本"非典型"发生语境导致的特殊性——大众文本在当代中国实为"小众"文本，其运作在典型的"消费"之外，还存在着一个"仰视"的向度；本土批评总体上显出的视域局限及我们期待中的理想评价模式至少应含有本土、内在、综合三大要素。

第四章谈价值观问题。其一，揭示了当代中国大众文本的跨媒体（横向）价值观分布规律：在公益广告等意识形态类内容中，国家主导、民俗传统价值观相伴，知识分子价值观处于点缀位置；而在商业广告等市场类内容中，则上演了一出从物质主义价值观到后物质主义价值观的发展活剧，民俗传统价值观只是象征性闪烁其间。其二，揭示了分媒体（纵向）价值观分布规律：在中心媒体，国家主导价值观继续拥有权威；享乐本位、后物质主义价值观在与国家主导价值观寻求一定程度妥协、共谋的过程中，不断强化着自己的力量；而知识分子价值观、民俗传统价值观的声音越来越微弱了。

第五章先从一般进入特殊，其前三节分别考察了当代中国商业杂志的价值、评价和价值观状况；继而第四节详述了 2008～2011 年中国杂志产业的发展情况，某种意义上又从特殊进入了新的一般。

关键词 价值 评价 价值观 大众文本 当代中国商业杂志

Abstract

Based upon a systematic arrangement of three core parts of axiology: value, appraisal and viewpoint of value, the dissertation has discussed the outline of current Chinese popular text from three different aspects and the details of its important section——commercial magazines, so that it has made an axiological survey of the current Chinese popular text at the theory – level and practice – level: Exploring the value problems of the current Chinese popular text and the "case" (the commercial magazines) ; exploring the reform roads of Chinese magazine industry, and prosperity roads of whole China's culture industries.

The following efforts made are as follows.

The first chapter expounds the selection cause of this topic, the research status of related topics, the research method and the innovation points, thus pulls this paper into the relevant academic history.

The second chapter is about the value problems. It points out that at the cultural economic level, the circulations of the popular text value are significance, pleasure and social identity; the connotations of the popular text value are the operated and free labor; the yardstick of the popular text value is the psychological time – space of human beings. The dissertation has made an initial illustration of these views.

The third chapter is about the appraisal problems. While discussing the appraisal of the current Chinese popular text, the dissertation has pointed out the popular text in current China in fact is "minor – part" text, whose operation outside of the typical "consumption" has a "respected" dimension. It is unreasonable and should be changed that the situation of self-aphasia of the group respecting the popular text is considered and judged by the ideal viewpoint of value of socialism, characterized by "wiping out exploitation and getting rid of split between two parts to realize the common wealth". This ethnic choice has thoroughly shown my attitude.

The fourth chapter is about the viewpoint of value problems. The first point is to disclose the distribution rules of viewpoint of value of cross – media of the current Chinese popular text: in the ideological contents of public ads, the nation – dominant and the folk – traditional viewpoints of value are in close relationship, while the viewpoint of value of intellectuals is in a subordinate position; in the contents of markets of commercial ads has been put on a development play of viewpoint of value from materialism to post-materialism, in which the viewpoint of folk – tradition value is only contained. Secondly, distribution rules of the viewpoint of sub-media (vertical) value: in the center media, the nation – dominant viewpoint of value has continuously held authority; the viewpoint of value of pleasure and post – materialism has constantly strengthened its power in the course of compromise and co-ordination of the nation – dominant viewpoint of value; the voice of viewpoint of intellectuals and folk – tradition is becoming weaker and weaker.

The fifth chapter is from the general into the special firstly. In front of the three sections examine the conditions of commercial magazines' value, appraisal and viewpoint of value. Through observing the development of 2008 to 2011 Chinese magazine industry, the fourth section is from the special into the new general.

Key Words: value; appraisal; viewpoint of value; the popular text; the current Chinese commercial magazines

序

本书的一个重要"看点"，是研究中国当代大众文本的价值问题时，在以马克思的劳动价值论为"体"的基础上，还引入了费斯克的两种经济学理论为"用"，指出大众文本的价值系统其实有两个层面——金融经济层面和文化经济层面，在金融经济层面流动着的是金钱，在文化经济层面流动着的是意义、快乐和社会身份。

所谓金融经济层面、文化经济层面，我感觉，"翻译"成"政策语言"就是经济效益、社会效益。而这两者间的关系，确实是目前我国文化产业改革发展的一个核心问题，其表面波澜不惊、争议不多，实则潜流汹涌、乾坤很大。尤其是"十七届六中全会决定"中，再次像以往的重要政策文件一样，延续了"坚持把社会效益放在首位，坚持社会效益和经济效益有机统一"的提法，到底如何理解？借着给本书作序的机会，我对此问题谈三点看法。

（一）经济效益和社会效益的性质和特点

经济效益和社会效益是指文化产品的双重属性，一方面，文化产品与一般经济品一样，需要投入稀缺经济资源（人力、物力）进行生产，通过市场交换后获得更大的价值，以便使生产可持续进行；另一方面，文化产品是一种特殊的经济品，是文化内容即符号和文本的生产，其消费产生精神性的影响。

经济效益和社会效益的特点大体可表述为：实现文化产品的经济效益，依赖于同质性需求和大规模复制；实现文化产品的社会效益，则要求适应不同社会或不同人群特有的精神与物质、智力与情感方面的特殊性需求，即所谓多层次和多样化需求。社会效益还特指文化的发展和传承这个文化共同体的公共利益。

在数字化信息技术迅速发展的今天，文化产品经济效益的实现越来越少地依赖于同质性需求和大规模复制，而可以实现"个性化需求"和"大规模定制"，经济效益和社会效益之间的冲突在减少，发展文化产业正在成为实现文化多样性的重要手段。

（二）经济效益和社会效益的关系

在市场机制起资源配置的基础作用的条件下，经济效益是文化产品的一般属性，社会效益是文化产品的特殊属性。两者遵循不同的规律，需要不同的调节机制。获取经济效益的目的是价值增值，获取社会效益的目的是文化的发展和传承。

现代市场经济社会建立起两种机制将文化产品的经济效益和社会效益统一起来，就形同市场经济的初次分配和二次分配体制一样，文化资源也实行初级配置和二次配置，在初级配置中市场机制起支配性作用，二次配置中政府依赖公共财政以文化政策加以调节。

在新一轮全球化过程中，对文化产品的社会效益这一特殊属性的强调经常在一些国家文化政策中看到，并成为政府对市场干预的根据。例如，20 世纪 80 年代开始在国际文化贸易中谈到的"文化例外"政策，2000 年以来在联合国教科文组织形成了关于"文化多样性"的宣言和公约，就是针对美国文化产品在全球市场的发展对一些国家文化传统的侵蚀，认为在国际文化贸易中应该像关注"生物多样性"一样关注"文化多样性"，将文化的保护和传承作为文化贸易的最终目的。这些动向可以看做是国际社会对全球文化市场的干预和调节。

（三）经济效益和社会效益有机统一有赖于经济发展的条件

经济发展是有阶段性的，资源配置机制随着经济发展阶段的变化而变化。只有经济发展到一定阶段，文化资源配置的市场机制才能起到支配性作用。前市场经济时期是统治阶级精英支配文化资源的配置，他们是文化资源配置的主导者和文化传承（社会效益）的承担者；市场经济开启了大众消费时代，进入了人民群众支配文化资源配置的新时代，每个消费者都是文化传承（社会效益）的主体。

但是，在特定发展时期，对于文化的内容特性（社会效益）的关注程度往往因文化发展水平和在文化贸易中所处地位不同而不同。发展水平较低因而文化消费难以支撑文化发展和传承的国家，或者在文化贸易中处于劣势的国家，往往强调文化产品内容特性的重要，以此作为出台保护文化传统以及保护本国文化市场的政策的依据；而在文化贸易中处于强势地位的国家——如美国——则倾向于抹杀文化产品的特性，甚至认为文化产品应该视同一般贸易品，无须特殊对待。

因此可以得出这样的判断：一个国家往往是由于自己文化产品的经济竞争力不足，才需要强调文化的社会属性从而争取经济外的支持；而那些文化产品竞争力强的国家则对社会效益无须关注，因为其文化产品经济效益本身就反映出受欢迎的程度。

一个更进一步的判断应该是，一个国家文化政策在一定时期对于社会效益的适度强调会对本国文化产业起到保护发展作用，但是过分强调反而可能抑制本国文化产业发展，并在国际交往中导致某种类型的保护主义，反映出来的实际上是文化竞争力和总体实力不强，甚至是对自身文化发展的不自信。

我国改革开放 30 多年，即使在文化领域，资源配置机制也已经基本上从计划转向市场。我们的民族文化企业，正在源源不断地生产出大量质量越来越高的文化产品，日益满足人民群众越来越多样化的文化消费需求。与此同时，文化企业也迅速地成长壮大起来。实践证明，在文化体制改革的推动下，我国文化产业正在获得经济效益和社会效益的空前统一，贴近市场和"贴近群众"空前一致，那个政府唱独角戏，"领导是基本观众，政府是主要投资者，得奖是主要目标，仓库是最后归宿"的时代已经过去了。

张晓明　中国社会科学院文化研究中心副主任、研究员

2012 年 7 月

目 录
Contents

目 录
Contents

第一章　导论：视域、方法与
实践的创新召唤

第一节　选题因由

从理论方面看，如果说以往对当代中国大众文化的研究，已同哲学、文艺学、社会学、政治学、经济学甚至历史学发生了相当多的内在联系的话，那么这一领域的研究与价值学的联系，显然还是相当薄弱的。而"价值学"这一范畴的内在张力，可以辩证地整合经典马克思主义（侧重于分析经济活动），以及西方马克思主义（侧重于分析文化及其与社会的关系）的视域，所以，从价值学的角度来观照当代中国大众文化，可以加强文化研究对当下中国大众文化发言的"总体性"（从卢卡契到哈贝马斯一直强调的理念）。

近代以来，西方学界由于哲人放弃或错置价值承诺，以及实证化的外部冲击和重建形而上学的内部失败，造成了哲学的危机。[①] 在此背景下，新康德主义率先将学术兴奋点转向了价值学，其主要门派为以柯亨为代表的马堡学派和以文德尔班为代表的弗赖堡学派。价值一词早在古印度著作《利论》中就已出现，[②] 以后也曾较多地见于西方的伦理学著作中。及至近代，它已成为亚当·斯密、马克思等人经济学思想的核

---

① 董世峰：《近代哲学的价值学转向》，《学术研究》2002 年第 6 期。
② 〔苏联〕列·斯托洛维奇：《审美价值的本质》，凌继尧译，中国社会科学出版社，1984。

心，并且在伦理学中日显重要。德国哲人洛采较早在哲学意义上使用和规定价值，其弟子文德尔班说，"自从洛采把价值概念提高了，放在一个突出地位，并把它当做逻辑学、形而上学以及伦理学的顶峰以来，很多人就想到，要把价值理论当做哲学的新的科学基础"①。后来，舍勒在哲学上首次较为详细地阐述了价值的类型、等级标准、秩序等。哈特曼则是近代价值学理论的集大成者，构建了庞大的价值学理论体系。

近代哲学完成向价值学转向的重要标志之一，即一些影响广泛的价值相关概念的确立，其中最为核心的概念，有价值、评价和价值观。所谓"价值学视域"，在很大程度上，就从这三个概念的角度去观察、审视。

还需要解释的是，本文的论述对象为什么是"大众文本"，而不是常见的"大众文化"。这主要是由于"文化"本身是一个指涉过于庞杂的范畴，② 所以"大众文化"这一概念也必有其含混之处。而与"文化"相比，"文本"概念虽然也在随社会变迁而变化，③ 但其内涵和外延毕竟都要明晰得多。

在 20 世纪以前，文本的虚构性问题没有被提上议事日程，文本世界与经验世界在读者心目中大体上是重合的。但文本的虚构性在 20 世纪被发掘出来，"许多因素——对技术的意义和极限的普遍关切，

---

① 转引自万俊人《现代西方伦理学史》下卷，北京大学出版社，1992。
② 文化的定义至今已经有 160 多种，且大致有广义与狭义之分。泰勒认为，"文化，或文明，就其广泛的民族学意义来说，是包括全部的知识、信仰、艺术、道德、法律、习俗以及作为社会成员的人所掌握和接受的任何其他的才能和习惯的复合体。"（〔英〕爱德华·泰勒：《原始文化——神话、哲学、宗教、语言、艺术和习俗发展之研究》，连树声译，广西师范大学出版社，2005）这是广义定义的典型一例。卡西尔认为，"文化形式都是符号形式"（〔德〕恩斯特·卡西尔：《人论》，甘阳译，上海译文出版社，2004）这是狭义定义的典型一例。
③ "text"在我国学术界有时被翻译为"文本"，有时被翻译为"本文"，由于在外交和法律文书里，更倾向于把此词翻译为"文本"，所以笔者取此称谓，但在相关引文中则尊重原著的称谓。

库恩的《科学革命的结构》等书的特殊影响，伽达默尔的《真理与方法》，德里达的《书写语言学》等——对作为认识论的确定性的标准的科学提出质疑。经验主义和逻辑实证论的穷途末路所造成的真空，推动了后现代文学和语言理论，这些理论大都推崇所有知识的虚构性和一切设定的真理的想象性质"①。在罗兰·巴尔特那里，"文本构筑在无法追根寻源的、无从考据的文间引语，属事用典，回声和各种文化语汇之上。由此呈纷纭多义状。它所呼唤的不是什么真谛，而是碎拆"②。20 世纪 70 年代，对"文本"的关注甚至形成了一个学科，梵·迪克指出，"本文科学本身并不等于心理学、社会学、经济学等等，而是研究在一切科学中被观察的通讯——解释程序、语境和本文结构，因此本文科学即跨学科科学"③。被称为"耶鲁四人帮"之一的布鲁姆，则把文本批评进一步泛化，"在他那里，人类文化的一切活动同时都是一种文本活动，都可以在文本——不论是文学文本，还是批评文本或理论文本——中找到其心理活动尤其是防御与压抑活动的机制"④。罗蒂在《19 世纪唯心主义和 20 世纪文本主义》一文中，对文本界定的趋势总结道，"在我们这个时代，有些人（文本主义者）认为除了文本外，无物存在"⑤。可见，文本主义者已经将文本等同于广义的文化。

当文本和"大众"一词同构后，与"大众文化"所表现出的关系也是时而趋同，例如，海蒂兹认为"流行文化就是那类普遍可得到的

---

① 安希孟：《视角主义与文本主义——罗蒂后结构主义实用主义评析》，《宁夏大学学报》1999 年第 1 期。
② 〔法〕罗兰·巴尔特：《恋人絮语：一个解构主义的文本》，汪耀进、武佩荣译，上海人民出版社，2004。
③ 转引自李幼蒸《理论符号学导论》，中国社会科学出版社，1993。
④ 吴琼：《强力批评家布鲁姆》，《中华读书报》2001 年 6 月 27 日。
⑤ 转引自安希孟《视角主义与文本主义——罗蒂后结构主义实用主义评析》，《宁夏大学学报》1999 年第 1 期。

人工制品：电影、录音、录像带、CD 或 VCD、时装、电视节目以及沟通和交流的模式等"①；时而又相区隔，例如，费斯克认为"文化工业所能做的一切，乃是为形形色色的'大众的层理'制造出文本'库存'或文化资源，以便大众在生产自身的大众文化的持续过程中，对之加以使用或拒绝"②。也就是说，大众文化是对大众文本的利用和再生产，大众文本是大众文化的原料兼实体形态。

在大众文本与大众文化的这种趋同或区隔的选择中，笔者认为，后者即区隔，更符合文本作为相关诸系统结点的内在逻辑。

首先，在"话语"诸因素系统——说话人、受话人、文本、语境、沟通之中，作为主体因素（说话人、受话人）和客体及行为因素（语境、沟通）之间的中介，文本既无法与狭义的文化，也无法与广义的文化相置换。

其次，从历史演化的角度看，文本先后呈现出四种形态：元文本（上古口头形态）、文本（文字出现以后）、次生文本（资本主义大机器生产出现以后）与超文本（计算机网络出现以后）。在"大众文本"所对应的次生文本和超文本形态中，亦不能将文本置换成文化——"超文化"会是何物呢？

再次，从"价值学"视域考察当代中国大众文化，最主要目的是辩证地整合经典马克思主义的经济分析，及西方马克思主义的文化、社会分析。如果不将文化和文本相区隔，那么文化的庞杂指涉，将必然对有实证意味的经济分析造成干扰；而如果将文化和文本区隔为，大众文化是对大众文本的利用和再生产，大众文本是大众文化的原料兼实体形

---

① Dominic Strinati, *An Introduction to Theories of Popular Culture*, London and New York：Routledge，2004，p. xiv.
② 〔美〕约翰·费斯克：《理解大众文化》，王晓珏、宋伟杰译，中央编译出版社，2006。

态，那么针对"实体形态"的实证性分析，则会明晰且有的放矢。

所以，本文不仅将"大众文化"和"大众文本"相区隔，还将论题指向了"大众文本"而非"大众文化"。

从实践方面看，由于文化与经济的内在整合，已是一个非常明显的社会发展趋向，而且，当代中国大众文化研究仍是一个急剧生成和扩展的知识实践领域，所以，研究者对生产、消费的直接参与必然有助于理论的丰富和确立。例如，霍加特在《文化的用途》中描绘20世纪30年代英国工人阶级的文化生活时，就充分利用了自己童年时代的亲身经验。笔者认为，如果说当代中国大众文化勃兴于20世纪90年代初的话，那么笔者基本上目睹并置身于整个上升的过程——笔者1995年在中国轻工业出版社参加工作，并有作为副主编将一本行业杂志《消费指南》转变成女性时尚类杂志《LADY 都市主妇》的经历，而且，此杂志在2003年10月分拆前，其发行量等实力指标一直稳居国内无版权合作高档女性杂志第一。所以，从"价值学"这一经济和文化相结合的角度切入当代中国大众文化研究，为笔者将更多的个人经验纳入研究实践，提供了一个有充分容纳能力的开放性框架。

第二节　相关研究现状综述

从"价值学"相关视域，涉及当代中国大众文化、文本的研究，目前大致呈现出两种基本路径。

一种路径，是用一般经济学的概念和方法，试图营建文化经济学理论体系。这方面的论著有：《文化经济学》，胡惠林、李康化著，上海文艺出版社，2003；《文化经济学通论》，程恩富主编，上海财经大学出版社，1999；《文化经济学》，安应民主编，中国经济出版社，1994；

《文化经济学》，程恩富主编，中国经济出版社，1993；《文化经济学》，严行方著，北京经济学院出版社，1992；《文化经济学》，方家良等编著，上海交通大学出版社，1991；《障碍与动力：文化经济学研究》，周伟林著，上海文化出版社，1989；《群众文化经济学概论》，牟光义著，学苑出版社，1988。

它们的共同特点，是沿用马克思在劳动价值论中对"价值""价格"的表述，认为"文化商品的价值也是人们物化劳动和活劳动的凝结，并以价格的形式表现出来。因此，从这一意义上说，文化商品的价格同其他商品的价格并没有本质上的不同"①。

这种把物质商品领域的价值、评价理论直接"平移"到文化商品领域的做法，虽有一定的理论合法性——文化商品也是商品，但显然过于简单。

在最基础的文化商品价值概念方面，鲍德里亚提出的符号价值观，构成了对马克思主义劳动价值学说、现代西方经济学通行的边际效用价值学说的一个重要补充。而上述著作对这一点都没能给予重视。

鲍德里亚认为，在商品社会，物是根据以下四种原则组织起来的：①使用价值的功能逻辑；②交换价值的经济逻辑；③象征交换的逻辑；④符号价值的逻辑。在这里，鲍德里亚提出了与使用价值、交换价值并列的符号价值观念。

在《符号政治经济学批判》一书中，鲍德里亚阐发的一个著名公式是，交换价值/使用价值＝能指/所指。借助这个公式，鲍德里亚指出，如同在符号学中所指构成能指的实现，使用价值也对交换价值具有同样的功用，它构成了交换价值的一种意识形态保证。这一保证的具体

---

① 程恩富主编《文化经济学通论》，上海财经大学出版社，1999。

内容是，"使用价值面前人人平等……使用价值使那些被交换价值从社会意义上分离的人们和解在普遍性之中"①。按照传统的政治经济学的观点，消费就是经济交换价值向使用价值的转化，鲍德里亚对此不以为然，他把目光投向了从经济交换价值向符号交换价值的转变，即"符号政治的经济学消费"。②

鲍德里亚的理论源于效用价值论，但又超越效用价值论而具有了较为独立的理论形态。其理论意义很明显，但薄弱之处也很明显——未能对消费的具体的社会实践给予充分的重视。这显然与符号学理论自身的特点有关。尽管他很有见地地指出符号价值体现的是一种社会区分的逻辑，但他却未能就符号功能与这种社会区分逻辑之间的关系进行具体研究，而这本来是一个大有可为的领域。

德赛都正是在鲍德里亚的止步处开始了自己的研究。他在《日常生活的实践》中深入研究了所谓"消费者的斯芬克斯之谜"，具体揭示了在各种消费实践中，消费者如何利用既有的资源和材料，在使用过程中颠倒其功能，生产出符合自己利益的实践。③

而当价值概念进入实践领域之后，遇到的一个关键问题就是价格——交换评价。在此问题上，上面提到的一些国内研究著作平移马克思劳动价值论中价格理论的做法，也是有局限的。

科普托夫在他那篇著名的论文《物的文化传记：商品化过程》中，早就用前殖民时期尼日利亚梯乌族人的交换实践告诉我们，一件物品绝

---

① 〔法〕让·鲍德里亚：《解读使用价值》，罗钢、王中忱主编《消费文化读本》，中国社会科学出版社，2003。

② Jean Baudrillard, *Symbolic Exchange and Death*, Translated by Iain Hamilton Grant, London: SAGE Pubilcations, 1993, p.7.

③ 米歇尔·德赛都：《"权宜之计"：使用和战术》，罗钢、王中忱主编《消费文化读本》，中国社会科学出版社，2003。

不仅具有交换价值，也绝不只是从物质上生产出来满足人们某种需要的物件，它同时也是铭刻了某种文化意义和文化价值的东西。它不仅具有经济生命，也具有社会和文化生命。我们不应当再从一个物品要么是商品、要么不是商品这种"或是或非"的观点来看问题，而应当把商品化视为一个过程，把商品视为物的一种潜能。①

费斯克在《电视文化》一书中以电视产业为例，把商品的这种经济和文化二重性更为清晰地阐发为"两种经济"理论，一种是"金融经济"，一种是"文化经济"。电视节目作为商品，生产和发行于这两种平行而且共时的经济系统之中，其中金融经济中流通的是金钱；文化经济中流通的"意义、快乐和社会身份"②。

可见，无论是物质商品还是文化商品，都有着经济和文化二重性。对于物质商品而言，"金融经济"占主导地位；而对文化商品而言，"文化经济"占主导地位。文化商品的价值，取决于其所激活的意义、快感和认同的多寡；而文化商品的价格，也并非像物质商品一样——是随供求关系围绕价值上下波动，而很大程度上是取决于该产品的营利模式——即是"卖内容""卖读者群"还是"卖品牌资源"。如果某大众文化商品采取第二种营利模式，即靠"卖读者群"营利的话，那么它针对受众市场的价格甚至可以为零，也就是说可以免费赠送给受众。例如，目前我国就有多套"免费"电视节目，都市中也出现了不少可"免费"领取的精致杂志。当然，它们把节目或杂志"免费"送给受众的目的，是把所拥有的受众再卖给广告客户，从而获取利润。

除了没能把价值、评价领域的最新成果纳入各自的理论分析之外，

---

① 伊戈尔·科普托夫：《物的文化传记：商品化过程》，罗钢、王中忱主编《消费文化读本》，中国社会科学出版社，2003。

② 〔美〕约翰·费斯克：《电视文化》，祁阿红、张鲲译，商务印书馆，2005。

目前所见的"文化经济学"论著，还普遍没有对价值观问题给予足够的重视。而价值观在文化中是处于核心地位的，例如，英国社会学家安东尼·吉登斯就认为，文化的组成包括一个社会群体的成员所持有的价值观，他们所遵循的常规，以及他们所创造的物质产品。他还进一步阐述，"现代西方人在拿自己的文化与其他文化做比较时，总是从物质主义的价值观出发，这本身是一种很不正常的态度"①。可见，在吉登斯的理论体系内，价值观是文化的核心要素，它决定着文化的内涵和特色。

而从价值观及评价的角度来关照中国当代大众文化、文本，是目前研究的另一基本路径。这一路径研究的共同特点，是挪用西方丰富的大众文化理论资源，但是，在具体聚焦点上又呈现出两个方向。

其一，是从社会/人学方向，对当代中国大众文化进行价值观审视，并进行评价，如《当代中国大众文化研究》（黄会林主编，北京师范大学出版社，1998）、《当代中国大众文化研究》（孙占国主编，吉林人民出版社，1999）、《当代中国大众文化研究：一个文化与经济互动发展的视角》（朱效梅著博士论文，梁柱教授指导，后以《大众文化研究：一个文化与经济互动发展的视角》为题由清华大学出版社出版）、《当代中国大众文化简论》（金民卿著博士论文，邢贲思教授指导，后以《大众文化论：当代中国大众文化分析》为题由中共中央党校出版社出版）、《当代中国大众文化论》（邹广文主编，辽宁大学出版社，2000）、《阐释中国的焦虑：转型时代的文化解读》（金元浦、陶东风著，中国国际广播出版社，1999）、《跨越世纪的文化变革：中国当代文化发展研究报告》（金元浦主编，首都师范大学出版社，2001）、《叩问仿真年

---

① Anthony Giddens, *Sociology*: *A Brief but Critical Introduction*, London and Basingstoke：The MacMillan Press Ltd. , 1982, p. 24.

代》（金元浦著，山东友谊出版社，2002）、《解读大众文化——在社会学的视野中》（扈海鹂，上海人民出版社，2003）等专著均属此类。

在社会层面的审视中，上述著作的一个共同显著特点，是从中国经验、中国社会自身的历史视野所发生的变化出发，对西方的思想资源进行想象性阅读和"误读"，以图建立起一个内在的知识谱系。

例如，虽然鲍德里亚在他的《物的体系》《消费社会》和《符号政治经济学批判》等著作中，不断地抨击了通过物来满足人基本需要的消费理论，指出这种观念其实是资本主义制度制造出来的又一个"神话"——它向这个社会中的人们承诺，对物的追逐能为他带来最大的幸福；但是，在上述大多数著作中，"消费社会"理论成了对现实的描绘和感叹，基本上已没有了批判的锋芒。

又如，上述一些著作对法兰克福学派中马尔库塞学说（马克思主义加弗洛伊德主义）的着重阐发，就很明显地带有中国学术一贯的浓重"实用"味道——一方面它是理论，一种不动感情的社会科学式的历史理论和文化理论；另一方面它又富于激情，一种有想象力的，能够表达被社会和理论形态压抑的那种内在集体性、情绪性的精神内核。

再如，上述有些著作对本雅明理论的推崇，在很大程度上，也是只谈他讲到的通感，讲到的现代性个人和技术时代官僚世界的紧张关系，讲到的波德莱尔那样的个人如何抵抗现代性压迫等这些非常容易引起读者政治共鸣的东西。而对于他的理论作为一种方法论，作为一种现代西方"古典与现代"冲突史上的一个兴奋点，则重视不够。

对"阶级"的敏感，也使威廉士在中国的有关著述中得到了足够的重视。在这一点上，境遇相似的还有伊格尔顿的"意识形态理论"和福柯的"权利理论"。威廉士在葛兰西的霸权理论当中找寻到出路，认为霸权理论的力量在于能够考虑个人的历史经验，将文化视同"特定阶级过着宰制及从属的过程"，因此，能够将历史、经验、政治、意识形态纳入每天的生活的研究当中，并进而提出三种不同的文化势力——主导势力、残余势力与新兴势力的理论。

而哈贝马斯对从马克思、卢卡奇到第一代法兰克福学派（霍克海默和阿道尔诺）的工具理性批判传统的批判、继承和发展，也显然与他在中国的有关著述中迅速"走红"有关。哈贝马斯从大众文化批判入手，致力于解决文化领域中的剩余价值问题。他一方面充分肯定，大众文化在形成之初是有着历史贡献的，主要表现在对公共性和公众批判意识的培养上面。在这一点上，哈贝马斯显然是接受了洛文塔尔和本雅明的观点。但同时，他指出，本雅明把大众文化的解放功能宗教化是不能接受的，因为，大众文化的社会功能应当还是在于启蒙和教化。另一方面，在哈贝马斯看来，随着自由资本主义时代的结束，垄断资本主义的形成，资产阶级公共领域遭到了严重的破坏，作为资产阶级公共领域组成因素的大众文化，也走上了一条肯定现状的路途，已经彻底丧失了其社会批判和政治批判的功能，变成了一种统治的工具。它给我们带来的只有"文化消费的伪公共领域或伪私人领域"①。如果说消费主义是主宰社会经济领域的意识形态，那么，"伪公共性"则是政治概念当中处于核心地位的意识形态。而无论是消费主义，还是"伪公共性"，其本质是一致的，都是为了追求一种文化的剩余价值。从这个意义上说，对大众文化的批判，也是对资本主义剩余价值观念批判的一个有机组成部分。此外，对大众文化进行批判，也可以更好地揭示现代性危机的根源，为重建文化现代性提供了可能。

在当代中国社会，大众文化价值观在文化层面显现出一种相当复杂

---

① 〔德〕哈贝马斯：《公共领域的结构转型》，曹卫东等译，学林出版社，1999。

的状态，蕴涵着社会主义的和资本主义的、民俗传统的和知识分子的多向冲突和选择。西方的种种思想资源，在为分析中国当代大众文化提供了不少有益框架的同时，也显得力不从心。而如何在新的大众文化语境里，将多元政治取向整合起来，使之适应整个社会的深度变迁及良性发展，亦是不可忽略的问题。

另外，政治是社会的伦理，伦理是日常生活的政治。当评价与价值观涉及政治正确性的时候，它就要依赖于价值的正当性，而一涉及问题的这一层面，问题就转化成了伦理问题。实际上，"五四"以来屡屡发生的问题，尤其是在文艺领域发生的问题，常常是政治冲突的紧张感遮蔽了伦理冲突的紧张感。在目前中国当代大众文化的研究中，通过20世纪80年代以来30余年的"非政治化"训练，研究者有时候好像丧失了政治、伦理思维的冲动和敏感。所以，在当代中国大众文化价值观及评价的探讨中，必须补充伦理取向，尽管这个取向可能涉及到很多的因素。

其二，是从审美/人学方向，对当代中国大众文化的价值观做剖析，并进行评价。《反美学——在阐释中理解当代审美文化》（潘知常著，学林出版社，1995）、《中国当代审美文化研究》（周宪著，北京大学出版社，1997）、《美学的边缘——在阐释中理解当代审美观念》（潘知常著，上海人民出版社，1998）、《中国当代文艺思潮》（陆贵山主编，中国人民大学出版社，2002）等著作，均属此类。

在审美层面的剖析中，布尔迪厄明确打破审美消费和日常消费之间一度不可逾越的理论界线，在某种程度上成为这一方向著作分析当代中国大众文化价值观的"元理论"。康德在《判断力批判》一书中把鉴赏判断区分为纯粹的与非纯粹的两种，纯粹鉴赏判断是不掺杂感官享受的对单纯形式的喜爱，非纯粹鉴赏判断则混合了感官享受、生理欲望和道德诉求等功利性因素。长期以来，康德的这一区分，构成了精英文化和日常消费文化之间分野的基础。布尔迪厄颠覆了这一基础，他宣布，"关于鉴赏力和文化消费的科学始于一种违反，这种违反根本不关乎审美观：它必须取消使正统文化成为孤立领域的神圣疆域，以便找到明白易解的各种联系来统一那些表面上不可比较的'选择'，比如对音乐与食物、绘画与娱乐、文学与发型的偏好。将审美消费置于日常消费领域的不规范的重新整合，取消了自康德以来一直是高深美学基础的对立，即感官鉴赏（taste of sense）与反思鉴赏（taste of reflection）的对立，以及轻易获得的愉悦——化约为感官愉悦的愉悦，与纯粹的愉悦——被净化了快乐的愉悦（pleasure purified of pleasure）的对立"①。

　　对视觉的重视，是世界也是当代中国大众文化在审美层面的一个重要特征，当然也是一些从审美方向切入当代中国大众文化研究的著作的特点。德国哲学家海德格尔在 20 世纪 30 年代的著名表述"世界图像时代"，指出了世界可以作为图像被把握和理解。20 世纪 60 年代，法国哲学家德波则宣布了"景象社会"的到来，并指出了消费社会的形象霸权："在那些被现代生产条件所统治的社会中，生活的一切均呈现为景象（spectacles）的无穷积累。一切有生命的事物都转向一种表征（representation）。"② 作为一项跨学科和方法论上交叉的领域的探究，视觉文化及其批判理论，为我们把某些讨论从一些学科框架下解脱出来提供了可能性。但是，在上述从审美方向切入当代中国大众文化研究的著作中，对视觉文化及其批判理论主要是"转述"，而鲜有基于实践的

① 布尔迪厄：《〈区分〉导言》，罗钢、王中忱主编《消费文化读本》，中国社会科学出版社，2003。

② Guy Debord, *Society of the Spectacle*, Translated by Ken Knabb, London: Rebel Press, 1983, p. 7.

"接着说"，所以这种"可能性"其实尚未充分展开。

在审美倾向和主题方面，詹姆逊在《晚期资本主义的文化逻辑》表达的观点，在上述研究专著中影响广泛。詹姆逊认为，怀旧是后现代语境之中文化产品的总主题。"新的理论……只承认文字，只承认文本"，而怀旧是动用一批精致的影像符号再现昔日的美妙时光，但是，在这种脆弱的言语中，"关于过去的这种深度感消失了，我们只存在于现时，没有历史；历史只是一堆文本、档案，记录的是个确已不存在的事件或时代，留下来的只是一些纸、文件袋"[①]。詹姆逊的此观点当然有其深刻的一面，但中国当代社会历史的特殊性及审美经验，也在一定程度上对他的观点提出了质疑——当代中国大众文化产品在主题上明显的"西化"倾向，显然无法用"怀旧"加以解释。

"配方—程式化"作为一种经典的西方大众文化审美范式，目前也得到了前述中国大众文化研究者和生产者的重视。电视美学家赫拉斯·纽肯默指出，"配方成了组织和界定世界的特殊方式。情景喜剧和电视所创造的其他形式的世界都给人不真实的感觉，但是，我认为情景喜剧和电视却创造了一种特殊的现实感。每种类型都有它自己的价值系统……打破这种现实也就是创造一种新的配方。在某些情况下，这也就创造出一种新的电视艺术形式"[②]。但对"配方化"本身的创造性，国内研究者的重视似有不足，美国学者斯坦利·所罗门在《程式之外》一书的导言中指出，"某一类型的真正典型的要素……可不是在电影制片厂图书馆里或档案柜里保存的那些乏味的、老一套的图样或模型，而

---

① 〔美〕杰姆逊：《后现代主义与文化理论——弗·杰姆逊教授讲演录》，唐小兵译，陕西师范大学出版社，1987。

② 转引自徐贲《美学·艺术·大众文化——评当前大众文化批评的审美主义倾向》，《文学评论》1995 年第 5 期。

是储藏在像阿尔弗雷德·希区柯克和约翰·福特那样一些电影大师们的脑子里的艺术洞察力"。这在当代中国大众文化的研究中，尚未被充分重视。

而无论是从审美／人学方向探讨，还是从社会／人学方向剖析，这两者都有一个共同的人学层面，这是长期受马克思主义理论熏陶的当代中国大众文化研究者在价值观讨论中的一个核心。在这方面，"新人"概念在某种程度上构成了一个超越性的向度。

如果说消费社会最后只能产生在资本逻辑支配下的嗜欲者，那么全新的解放的主体也必然是摆脱了资本逻辑的"新人"。马克思曾经把新人理解为在生存劳动过程中培养起来的，有着完整感性和全面发展需要的人。因此，它首先是摆脱了社会异化的感性个体。在这个问题上，马尔库塞几乎重新表述了马克思的《1844 年经济学哲学手稿》的思想，他认为，"'文化革命'的中心思想和主要目标，是发掘出现存社会中新的自由维度"；而且，"'文化革命'的实现，在很大程度上，是解决培养一代新人的问题"①。这意味着，对资本的替代的最终希望似乎在于首先想象一种不受资本污染的新人类。在某种意义上，马尔库塞的基本立场也直接承袭了马克思、列宁和毛泽东的政治理念，因为从无产阶级革命的角度，他们都强调了一种新型文化的必要性。虽然在"1968"之后，西方左派表面上抛弃了马尔库塞激进的"文化大拒绝"战略，但在根本上并没有摆脱"文化革命"的思路，甚至对资本主义进行辩护的学说也都直接采取这一立场——从后殖民论与德里克（Arif Dirlik）等人的全球资本主义文化批评；从雅可比（Russell Jacoby）的乌托邦诉求到哈贝马斯的商谈（对话）伦理学；从贝克（Ulrich Beck）等人

---

① Herbert Marcuse, *Towards a Critical Theory of Society*, Edited by Douglas Kellner, London and New York: Routledge, 2001, p. 158.

"反思性现代性"的"新个人主义"（全球公民）到未来学的新型文明，在这诸多不乏对立因素的学说中，新型的文化和"新人"都是作为推翻或拯救资本主义的前提而存在的。

在关于新人的讨论中，埃里希·弗罗姆是值得注意的一位学者，因为他清晰地站在对现代性反思的基础上，陈述了一种反人类中心主义、反占有性制度的人本主义立场，从人的性格结构角度谋划了一种"新人"。这种"新人"——愿意放弃一切占有的方式，以便达到真正的存在。相信自己的存在，自己需要与他人建立关系，需要、兴趣、爱和世界相一致，并在此基础上确立安全感、同一感和信心，而不是将此建立在占有欲和控制世界之欲望的基础上，从而成为自己占有物的奴隶——"我们唯一的希望是，一个新社会的前景会具有吸引力和焕发人的精神。"①

令人遗憾的是，关于"新人"的探讨，在相关论著中也未能以与当代中国实际相联系的本土话语展开。

从评价的角度来看，前述的无论是审美/人学方向的论著，还是社会/人学方向的论著，对中国当代大众文化/文本的定性评价，基本上是复制了西方理论话语对大众文化的评价思路，即从结构主义（阿尔都塞—霍克海默、阿多诺—哈贝马斯）的批判，到文化主义（威廉斯—霍加特—霍尔—费斯克）的认同。在结构主义的视野中，大众文化经常被视为一种"意识形态机器"，其炮制法律般的规则，专横统治大众的思想，一如索绪尔专横统治具体言语行为的"语言"总系统。文化主义恰恰相反，经常是不做辨别一味浪漫，赞扬大众文化是真实地表达了社会受支配集团或阶级的兴趣和价值观。总之，对大众文化的定性评

---

① 〔美〕埃里希·弗罗姆：《占有还是生存——一个新社会的精神基础》，关山译，三联书店，1988。

价要么落入结构主义套数，要么落入文化主义套数。这种分野也相当明显地呈现于上述研究专著中。而现实是，中国当代大众文化/文本不同于典型西方大众文化/文本的特殊性，使沿袭西方的理论话语对中国当代大众文化/文本的评价，在肯定和否定两个向度上，都一定程度地处于失灵状态。这是前述两个方向的论著都有所忽视的。

在评价方法上，前述两个方向的论著基本上都采用了定性研究的方法，而在当代中国传播学学科中，定性和定量综合评价的方法已经取得了相当引人注目的成果。如传播学研究者喻国明先生，就用综合评价方法关照中国当代的社会肌肤——民意，取得了一系列成果：《解构民意：一个舆论学者的实证研究》（喻国明著，华夏出版社，2001）、《中国民意研究》（喻国明、刘夏阳著，中国人民大学出版社，1993）、《媒介的市场定位——一个传播学者的实证研究》（喻国明著，北京广播学院出版社，2000）。所以，当前的中国大众文化/文本评价也急切呼唤一种综合定性与定量的视域。

此外，上述两个方向的论著都未对中国当代大众文化/文本的价值内涵问题加以关注，这不能不说是一个遗憾。对文本价值问题做出较深入探讨的，是几部文艺/文学价值论著，如《文学价值论》（程麻著，人民文学出版社，1991）、《艺术价值论》（黄海澄著，人民文学出版社，1993）、《文学的价值追求》（冯宪光著，四川文艺出版社，1993）、《文学价值学引论》（李春青著，云南人民出版社，1994）、《文学价值论》（敏泽、党圣元著，社会科学文献出版社，1997）、《审美价值系统》（杨曾宪著，人民文学出版社，1998）、《审美价值结构与情感逻辑》（孙绍振著，华中师范大学出版社，2000）、《价值论视野中的美学》（黄凯锋著，学林出版社，2001）等。这些论著虽并不是专门探讨中国当代大众文化/文本的价值问题的，但它们对于一般文艺/文学价值的较深入研究，还是形成了对中国当代大众文化/文本价值问题的重要启示。

我国从事价值论研究的许多学者认为，就其一般含义而言，价值可以定义为"在主客体相互关系中，客体是否按照主体的尺度满足主体的需要，是否对主体的发展具有肯定的作用，这种作用或关系的表现就成为价值。因此，'价值'是对主客体相互关系的一种主体性描述，它代表着客体主体化过程的性质和程度"①。上述文艺/文学价值论专著，基本上采用了这一价值定义作为研究的基点，例如，敏泽、党圣元就在《文学价值论》中说，"所谓价值，是指客体对主体需要的满足或效应，也就是说，是指客体对主体的价值"②。

而这种混淆价值与使用价值的观点，与马克思曾在 1879 ~ 1880 年写的书评《评阿·瓦格纳的〈政治经济学教科书〉》中明确驳斥过的瓦格纳的观点——"'价值'这个普遍的概念是从人们对待满足他们需要的外界物的关系中产生的"③，基本上是相同的。这一点早被许多研究价值论的学者意识到了，故不复赘述。马克思在论述"两种政治经济学"的不同之处时，进一步指出，"我的出发点是劳动产品在现代社会所表现的最简单的社会形式，这就是'商品'……我不是把价值分为使用价值和交换价值，把它们当做'价值'这个抽象分裂成的两个对立物，而是把劳动产品的具体社会形式分为这两者；'商品'，一方面是使用价值，另一方面是'价值'"④。价值与使用价值是商品的两个"具体社会形式"，而商品是任何物的一种潜能（见前述柯普托夫

---

① 李德顺：《价值论》，中国人民大学出版社，2007。
② 敏泽、党圣元：《文学价值论》，社会科学文献出版社，1997。
③ 《马克思恩格斯全集》第十九卷，人民出版社，1963。
④ 《马克思恩格斯全集》第十九卷，人民出版社，1963。

观点)，所以在探讨"价值一般"时，忽视马克思的劳动价值论，用使用价值定义"价值一般"，是值得质疑的。

从马克思的政治经济学理论的指向来看，它绝不是以谈经济价值问题为目的，而是一方面要揭示资本主义经济运动的规律，另一方面也是关于劳动、人和无产阶级的真正社会历史价值的更高层次价值学说。这使得马克思通过《资本论》《政治经济学批判》和《1844年经济学哲学手稿》等著作中所阐发的以劳动价值论为内涵、以剩余价值论为旨归的"价值"概念，远比目前国内大多数价值论研究者所归纳的以使用价值为内涵的"价值一般"，对生产与消费、分配与交换、需求与供给、费用与成本，乃至经济与道德、经济与艺术、经济与政治等关系，更有解释能力。尤其是对于本文的论述对象——当代中国大众文本，这一与工业化生产、城市化消费、现代传媒化传播相依存的特指范畴来说，其相关价值问题，更应以马克思的劳动价值论为逻辑起点之一。

第三节　研究方法和创新意向

本文采用的研究方法主要有三种：历史发生学方法、系统论方法及定性与定量综合方法。

首先需要申明的是，"历史方法"并非一个不言自明的范畴，这一点从马克思在《德意志意识形态》文中及以前对"历史"理解的差异，就可以清晰地看到。

在与恩格斯合写《德意志意识形态》之前不久，马克思仍认为可以用从人类历史发展中所体现出的人的发展，来转换看待工业的视角："因为一旦人们不再把工业看作买卖利益而是看作人的发展，就会把人而不是买卖利益当做原则，并向工业中只有同工业本身相矛盾才能发展的东西提供与应该发展的东西相适应的基础。"① 马克思的社会历史理论尽管从来都没有回避这种人本指向，但问题在于，如果直接将人类历史无前提地作为这种指向的体现，那就不能说这是马克思成熟期的观点了，因为其后写作的《德意志意识形态》中，马克思已不再将人类历史简单地等同于人的发展，而是要求首先研究人类历史是如何发生的。对于历史，他不再试图做抽象的整体研究，也不再试图回答"人类历史的发展说明了什么？"之类有预设指向的问题，他开始关注：历史是如何发生的？在历史中主要发生了什么？因此，在撰写《德意志意识形态》前后，马克思的"历史方法"实际上经历了一种从整体历史方法到历史发生学方法的转变。

还有狄尔泰，尽管他本人从未言及"历史发生学"之类的概念，但他一生的研究，都贯穿了"如何从历史生成的角度对待和研究任何一种具体研究对象"②，这样一种历史发生学的视角。"狄尔泰相信关于生命的历史学知识是可能的，并一生不断地探索、研究和修正他的理论。"③

对于"当代中国大众文本"这个对象来说，考察它是如何发生的，以及在短短的 20 多年的历史中主要发生了什么，对于阐明它的价值、价值观并对它进行评价，无疑具有决定性的意义。

其次，哲学思辨研究、定量研究与定性研究是人文社会科学研究领域的基本研究范式，虽然有学者认为，定量研究与定性研究在"方法论"层面上，"'结合'是不可能的"④，但在"方法"层面上，两者的

---

① 《马克思恩格斯全集》第四十二卷，人民出版社，1979。
② 〔德〕威廉·狄尔泰：《历史中的意义》，艾彦、逸飞译，中国城市出版社，2002。
③ 陈启能、何兆武主编《当代西方史学理论》，五南图书出版公司，2002。
④ 卜卫：《方法论的选择：定性还是定量》，《国际新闻界》1997 年第 5 期。

结合不仅是可以实现的，而且这种选择越来越成为一种趋势。中华人民共和国成立以来，哲学思辨式研究在我国社会科学领域占有主导地位。自从文化研究兴起以来，案例分析、行动研究、参与与非参与观察、无结构与半结构访谈等定性研究方法，才开始运用于中国大众文本研究领域。而定量研究的方法，在这一研究领域至今鲜有应用。本文在第五章采用了"案例分析"这一典型的定性研究方法，同时在该章的第二节演示了"模糊数学二级综合评判法"，所以，在方法上是实现了定性研究与定量研究的综合的。

再次，系统论方法主张从系统的整体出发，从系统整体的结构与功能、系统与外部环境的有机联系及相互作用中，动态地把握事物总体发展变化的规律。它关注的是对象的各方面的关系，如系统内部的元素之间、元素与系统、系统与环境等各方面的关系。这决定了它的主要特征是以综合为主，在综合的基础上分析，以达到更高层级的综合。本文在整体框架思路和第四章，均较明显地体现了系统论方法的旨趣和思路。

综上所述，本文采用的三种主要研究方法中，历史发生学方法、系统论方法的应用是全局性的，而定性与定量综合方法的应用是局部性的。

至于本文的创新努力，主要体现在以下六个方面：

第一，从价值、评价、价值观，即价值学各核心范畴，全方位地观照当代中国大众文本，与综述中已掌握的文献相比，在视域上有一定程度的总体性优势和系统性优势。

第二，综合了马克思的劳动价值论和费斯克的两种经济学理论，在大众文本价值研究领域提出了较为新颖的观点：在文化经济层面，大众文本价值的流通物是意义、快感和社会身份；大众文本价值的内涵是被施予的自由劳动；大众文本价值的尺度是人类心理时空。并对这些观点进行了初步的论证。

第三，在探讨当代中国大众文本的评价问题时，指出大众文本在当代中国实为"小众"文本，其运作在典型的"消费"之外，还存在着一个"仰视"的向度。这种"非典型"的现实，不仅造成了西方相关大众文本定性评价话语在中国的失灵，还在一定程度上形成了广大"仰视"大众文本人群自我"失语"的局面。而用"消灭剥削，消除两极分化，最终达到共同富裕"①的社会主义理想型价值观来衡量，此局面不合理且应改变。这就在当代中国大众文本评价中伦理学向度的取舍上，表明了自己的态度。

第四，深入大众媒体的具体运作情境之中，分别从横向（跨媒体，以广告为标本）和纵向（分媒体，中心媒体以电视、电影为标本，边缘媒体以"其他报纸"、广播为标本，边缘—中心媒体以互联网为标本），考察了当代中国大众文本的价值观分布规律。

第五，量化研究方法在我国文化研究领域应用极少。本文在个案研究中应用"模糊数学二级综合评判法"设计了"针对两本以上商业杂志的综合实证对比模型"，在文化研究引入新方法方面做出了自己的努力。

第六，在与"传统杂志"的对比中，提出了"中国当代商业杂志"的概念，并在其"价值提升策略/系统"的阐述中，融入了自己的一些在实践基础上的理论总结，如对中国当代商业杂志"三种主干内容和四种主要文体"的论述，对其"文化经济角度由四个层面构成的价值提升系统"的阐发等，均具有一定的独创性。

---

① 《邓小平文选》第三卷，人民出版社，1993。

第二章　心理时空与大众文本价值

下班后，你取出 DVD 碟片，看起了《天龙八部》，又拿了一个面包充饥。于是一个"理论"问题会很自然地出现：如果《天龙八部》同时被 100 个人观赏，其 DVD 碟片并不比被你一个人观赏损耗得更快；但你吃的面包如果同时被 100 个人享用，为什么就会损耗得失去它本来应对你有的生理意义？

物质商品要满足的需要，源自人的生理欲望；而文化商品要满足的需要，却源自人的心理意象。马克思没有分析不同商品形式的差别，因为在他看来，这只是"使用价值"的不同，而除了劳动力商品以外，马克思很少谈到商品的使用价值。但我们目前所处的社会与马克思生活的社会相比，已发生了结构性的变化。

费斯克说，"随着资本主义经济由生产转向营销，物质商品的文化价值在重要性上也大幅度地正比增长——只要看看时装产业或汽车工业，就能明白"①。

鲍德里亚则认为，以工业生产为组织核心的社会开始向符号社会回归。社会的凝聚力不是源于经济生活，而是来自传播媒介的控制。现今

---

① 〔美〕约翰·费斯克：《大众经济》，胡惠林、单世联主编《文化产业研究读本（西方卷）》，上海人民出版社，2011。

的符号制作规模已经足以让历史发生另一次断裂。①

在 19 世纪曾经与市场及工业文明处于对立面的文化/艺术，现在已与商品、利润互相认同，形成了越来越重要的文化/精神工业，原来处于社会边缘位置的文化/精神商品，现在逐渐向中心位置高歌猛进，符号消费也开始获得了与实物消费同等的意义。这一历史景观，在中国的大都市也已显露无遗。

那么，这里就出现了另一个"理论"问题：马克思未曾仔细考察的文化商品，与他曾主要考察的物质商品，是否在"价值"上完全同质呢？

这一问题之于当代中国，很自然地聚焦在了"大众文本"的价值上，而在"大众文本"的三种惯常含义——革命的大众文本、民间的通俗文本和当代大众流行文本之中，显然作为典型文化商品的第三种含义，即兴起于当代都市、与当代大工业密切相关、以全球化的现代传媒为介质大批量生产与消费、采取时尚化运作方式的流行文本，才是本文所要谈论的对象。

第一节　文化层面与金融层面——大众文本的价值系统

谈到大众文本的价值，首先会遇到一个令人挠头的范畴：商品价值。

被马克思称为"英国政治经济学之父"②的威廉·配第在其《赋税论》中最早提出了劳动创造价值、商品的价值取决于生产商品时所耗

---

① 〔美〕斯·贝斯特、道·凯尔纳：《后现代理论——批判性的质疑》，张志斌译，中央编译出版社，1999。

② 《马克思恩格斯全集》第十三卷，人民出版社，1962。

费的劳动量的观点，"假如一个人能够在生产一蒲式耳谷物的时间内，将一盎司从秘鲁的银矿中采出来的白银运到伦敦来，那么，后者便是前者的自然价格"①。

亚当·斯密则在其划时代的杰作《国民财富的性质和原因的研究》中，阐明了他对交换价值的真实尺度以及收入构成价值的看法。他说，"劳动是衡量一切商品交换价值的真实尺度"②。但是，他又认为，只有在简单商品生产中，这一论点才成立，而在资本积累和土地私有权发生以后，生产商品所耗费的劳动与购得的劳动在量上就不再相等了。商品的价值就不再由生产商品所耗费的劳动决定，而由购买到的劳动量决定，这种购买到的劳动量又是由工资、利润、地租三种收入构成的。这就又离开了劳动价值论。

大卫·李嘉图批判性地继承了亚当·斯密关于价值的观点，在《政治经济学及税赋原理》一书中初步奠定了劳动价值论的基础。首先，他认为使用价值是交换价值的前提，"一种商品如果全然没有用处，或者说，如果无论从哪一方面说都无益于我们欲望的满足，那就无论怎样稀少，也无论获得时需要费多少劳动，总不会具有交换价值"③。其次，他更彻底地坚持了劳动时间决定商品价值的观点，并进一步论证了决定商品价值的劳动的细节——提出了社会必要劳动量的概念；区分了活劳动和物化劳动在生产过程中的不同作用；认识到了影响商品价值的不仅是直接投在商品上的劳动，还包括投在实现这种劳动所需要的一

---

① 〔英〕威廉·配第：《赋税论、献给英明人士、货币略论》，陈冬野等译，商务印书馆，1978。

② 〔英〕亚当·斯密：《国富论（国民财富的性质和原因的研究）》上卷，杨敬年译，陕西人民出版社，1999。

③ 〔英〕大卫·李嘉图：《政治经济学及赋税原理》，〔英〕彼罗·斯拉法主编《李嘉图著作和通信集》第一卷，郭大力、王亚南译，商务印书馆，1981。

切器具或机器上的劳动；并且初步区分了价值和使用价值。

马克思也持"劳动价值论"的观点，并在其《资本论》中进一步完成了以七大理论板块为基本规定性的"马克思主义劳动价值论"。这七大理论是：劳动（实践活动）和劳动时间学说，商品二因素学说，决定商品二因素的劳动二重性学说，价值形式学说，价值规律学说，价值变形学说，劳动力商品学说。其基本观点是：

第一，必须明确区分使用价值、交换价值和价值。他指出，"物的有用性使物成为使用价值"①"商品体的这种性质，同人取得它的使用属性所耗费的劳动的多少没有关系"②。所以，"作为使用价值的使用价值，不属于政治经济学的研究范围。只有当使用价值本身是形式规定的时候，它才属于后者的研究范围。它直接是表现一定的经济关系即交换价值的物质基础"③。而"交换价值首先表现为一种使用价值同另一种使用价值相交换的量的关系或比例"④。不同质的使用价值为什么能按照一定的比例进行交换呢？因为撇开商品的使用价值，商品体就剩下了一个属性，即它们都是劳动产品，在它们身上都凝结着一定数量的无差别的一般人类劳动。这种凝结在商品中的无差别的一般人类劳动，就是商品的价值。

第二，劳动的二重性是指具体劳动和抽象劳动，具体劳动生产使用价值，抽象劳动形成价值。

第三，商品的价值量是由社会必要劳动时间，即"在现有的社会正常的生产条件下，在社会平均的劳动熟练程度和劳动强度下制造某种

---

① 《马克思恩格斯全集》第二十三卷，人民出版社，1972。
② 《马克思恩格斯全集》第二十三卷，人民出版社，1972。
③ 《马克思恩格斯全集》第十三卷，人民出版社，1962。
④ 《马克思恩格斯全集》第二十三卷，人民出版社，1972。

使用价值所需要的劳动时间"① 所决定。

第四，随着利润转化为平均利润，价值便同时转化为生产价格；生产价格的形成与价值规律并不矛盾。

但是，在《资本论》第一卷出版后不久，西方主流经济学内部就发生了著名的"边际革命"，西方主流经济学家们转而信奉了边际效用价值论——强调商品的价值取决于它的边际效用，而效用不过是个人对商品的主观评价，边际效用受商品的稀少性影响。这实际上是把价值归结为使用价值，同时又把使用价值主观化为效用。

当代西方主流经济学经历了"边际革命"之后一百多年的发展，已经基本放弃了对抽象的价值概念的探讨，开始完全用供求关系来解释商品的价值如何决定。

如马歇尔的"均衡价值论"认为，边际效用决定需求，生产费用决定供给，而需求和供给的均衡决定价值。凯恩斯认为，有效需求决定价值，而资本和劳动共同创造价值。

再如，属"后凯恩斯学派"的萨缪尔逊认为，价值来源于土地、劳动和其他物质资源，而且是由"稀少性"和"选择"共同决定的。同属"后凯恩斯学派"的琼·罗宾逊则认为，应用价格分析代替价值分析，因为价值是非常形而上学的观念之一；同时，价值是具体劳动创造的。

总的来看，在马克思将"劳动价值论"完善并体系化以后，西方的主流价值理论发生了从哲学探讨向实用探讨的转型，其后的理论家虽然没有提出在总体上超越马克思"劳动价值论"的体系，但是提出了一些对探讨价值问题富有启发意义的因素，如效用因素、稀缺因素等。

---

① 《马克思恩格斯全集》第二十三卷，人民出版社，1972。

其中，源于效用价值论但又超越效用价值论而具有较为独立理论形态的符号价值理论，对考察精神商品的价值很有借鉴意义——

持此观点的鲍德里亚认为，在商品社会，物是根据以下四种原则组织起来的：①使用价值的功能逻辑；②交换价值的经济逻辑；③象征交换的逻辑；④符号价值的逻辑。此四者中，象征交换处于商品经济系统之外，暂且可以不论。在这里，鲍德里亚提出了与使用价值、交换价值并列的符号价值观念。

鲍德里亚指出，"那种建立在真伪基础之上的意义和诠释的传统逻辑遭到了彻底颠覆，而那种和物质财富生产一样被工业化了的言语生产，也就是所谓神化（或范例），找到了其现世事件"[1]。

费斯克的"两种经济"理论，则进一步阐发了"符号价值"的内部机制，"仅仅用经济术语并不能很好地描述文化商品：对文化商品的流行至关重要的流通发生在与另一个平行的经济——文化经济中。在文化经济中，交换和流通的不是财富，而是意义、快乐和社会身份。当然，主要基于金融经济的商品在文化经济中也能发挥作用，消费者在相似的商品中作出选择时，通常不是比较其使用价值上（尽管给消费者提供建议的人注重使用价值），而是比较其文化价值；从诸多商品中作出一种选择，就成了消费者对意义、快乐和社会身份的选择"[2]。

至此，关于大众文本的价值，我们可以梳理出以下观点：大众文本的价值系统其实有两个层面——金融经济层面和文化经济层面，在金融经济层面流动着的是金钱，在文化经济层面流动着的是意义、快感和社会身份。

如果我们仍认为劳动是价值的唯一源泉——此观点自产生以来就不

---

[1] 〔法〕让·鲍德里亚：《消费社会》，刘成富、全志钢译，南京大学出版社，2000。
[2] 〔美〕约翰·费斯克：《电视文化》，祁阿红、张鲲译，商务印书馆，2005。

断被质疑，但至今仍未被驳倒，那么生产被化约为金钱的物的劳动，和生产意义、快感和社会身份的劳动，其价值内涵是否都是社会必要劳动呢？

第二节　自由劳动与社会必要劳动——大众文本的价值内涵

大众文本价值内涵问题，得从"劳动"本身谈起。

马克思在《资本论》中指出，"劳动首先是人和自然之间的过程，是人以自身的活动来引起、调整和控制人和自然之间的物质变换的过程"①。这是马克思对一般性劳动（区别于生产劳动）的定义，也是人们经常引用的关于劳动的经典定义。

此定义将劳动的主体、目的、手段等特征都概括清楚了，揭示了劳动的内涵。但是，不难看出，它主要是对马克思所生活时代的工农业劳动的概括，以及对成果是实物产品的劳动的概括，因为只有这类劳动才引起"物质变换"，生成有质量、体积、可触摸的实物产品。这是由时代决定的——当时第二产业蓬勃发展，马克思以制造业为对象阐明劳动、价值等问题，合情合理。

然而，以制造业为考察对象所定义的劳动，已无法涵盖后来迅猛发展的科技、文化等产业的劳动，如在文化产业中至关重要的创意设计，就没有实物形式的劳动成果，也不需要对自然物质进行变换，但显然无法否认其劳动性。因此，马克思对劳动下的定义，是有时代性、局限性的。对于生产大众文本这类精神/文化商品的劳动来说，它只适合用来

---

① 《马克思恩格斯全集》第二十三卷，人民出版社，1972。

解释其有形的金融经济层面的内涵，而对于无形的文化经济层面的内涵，即生产意义、快感和社会身份的劳动，则明显地缺乏解释能力。

如果说大众文本的价值内涵，在金融经济层面仍然是该文本被施与的社会必要劳动的话，那么在文化经济层面，它又该是什么呢？也就是说，意义、快感和社会身份都意味着什么？又如何定位生产意义、快感和社会身份的劳动？

在《景观社会》一开头，德波就写道，"在那些被现代生产条件所统治的社会中，生活的一切均呈现为景象的无穷积累"①。这一描述，表达了德波所要分析的时代——景观社会已经来临。在这一新时代，生产过程的统治已经让位于消费展示的支配作用，交换价值通过对使用价值的全面支配创造了自我运作的条件，使用价值的存在很多情况下已无关紧要，用德波的话说，"使用价值走向了没落"。② 在商品社会，物或商品被分解为使用价值与交换价值，而在景观社会，物则被分解为现实（reality）与意象（image）。"景观社会不是意象的收集，而是指人们之间的社会关系被意象所中介。"③ 也就是说，这是一个意象统治一切的社会。

然而，在鲍德里亚看来，德波没有看到"这个转变涉及从形式——商品到形式——符号、从一般等价规律下物质产品交换的抽象到符码规律下所有交换的操作的转变。与这个转变相对应，就是从政治经济学到符号政治经济学的转变，在这里问题不再简单地就是所有价值的

---

① Guy Debord, *Society of the Spectacle*, Translated by Ken Knabb, London：Rebel Press, 1983, p. 7.

② Guy Debord, *Society of the Spectacle*, Translated by Ken Knabb, London：Rebel Press, 1983, p. 23.

③ Guy Debord, *Society of the Spectacle*, Translated by Ken Knabb, London：Rebel Press, 1983, p. 7.

'商业卖淫'……而是所有的价值都转变为处于符码霸权之下的符号交换价值。比起剥削来，这种控制和支配结构更加微妙、更具极权主义"①。

这就是大众文本在意识形态高度所显现和传达的"意义"。但需要澄清的是，"消费"大众文本并不就必然消化其中的意识形态。例如，有些人看电视剧《红岩》，脑海里久久挥之不去的，也许并不是什么阶级仇、先烈情，而是"江姐"等受刑的场面——视觉摄取暴力后引发了"兴奋"和"快感"。

以暴力、性为常见引擎的快感，是大众文本生产和消费的另一要素。大众文本所蕴涵的快感至少有以下四个方面的特点。

第一，快感类别的丰富性，即快感本身在当前的生产技术、道德、文化等诸多变化条件下，并不只局限于性快感领域，而是仍处于发展、更新、不断地再整合的状态之中。这也是福柯所强调的，要不断拓展非性中心的快感领域及其享用能力的意义之所在。

第二，快感生产既造成了各类快感产品（大众文本是其中的一种）的巨量与过剩，同时也造成了它们相互之间的激烈竞争，而这种竞争必然是一个快感产品的同质化与异质化并存的过程。

第三，快感是身体的，但快感的意义却是整个社会的。这即是詹姆逊在《快感：一个政治问题》之中所表达的辩证法。他认为，快感不是自足的、消遣的，不是身体内部的某些奇妙的波动，快感必须"被作为乌托邦和整个社会体系革命转变的同一且同时的形象"，并进一步解释说，"一个具体的快感，一个肉体潜在的具体的享受——如果要继续存在，如果要真正具有政治性，如果要避免自鸣得意的享乐主义——

①　〔法〕鲍德里亚：《生产之镜》，仰海锋译，中央编译出版社，2005。

它有权必须以这种或那种方式并且能够作为整个社会关系转变的一种形象"①。

麦赫塞（C. Mercer）也认为，"关注快感是对意识形态'事实'的相应拷问。它意味着拒绝强加的和谐与全知，拒绝深度与单质，拒绝给定文化形式中的停滞"②。

第四，由于上述原因，再加上个人在精神特质、年龄、性别、文化、社会身份、地位等方面的差异，造成了存在于快感消费领域的极其明显的异质性，即每个人都在根据自己的条件、环境与需求的不同，追逐着仅属于自己的快乐。费斯克曾将这种现象表述为"大众的快感，既包含生产者的快感（创造自己的文化），也包含冒犯式的快感（抵抗着宰制性的结构）"③。

快感的多意和多样性，迫使大众文本采取一定的经济策略，如"小众化"策略——为特定性别、收入水平、年龄的消费者度身定制相应文本，来确保利润。虽然这些策略，已被证实能够成功地维护产业在金融经济中的统治地位，但必然导致大众文本在文化经济层面持有另一层含义——认同、标识或炫示消费者的社会身份，就像不同品牌的物质商品所做的那样。

这正印证了有些西方马克思主义学者提出的"两个阶段理论"，即第一个阶段，是从存在转向占有的堕落，亦即在资本主义社会中，人们从创造性的实践活动退缩到单纯地对物品的占有关系，他为的需要转化为自我的贪婪。第二个阶段，则导向了从占有向炫示的堕落，特定的物

---

① 〔美〕詹姆逊：《快感：文化与政治》，王逢振等译，中国社会科学出版社，1998。
② 转引自〔美〕约翰·费斯克：《大众经济》，胡惠林、单世联主编《文化产业研究读本（西方卷）》，上海人民出版社，2011。
③ 〔美〕约翰·费斯克：《理解大众文化》，王晓珏、宋伟杰译，中央编译出版社，2006。

质对象让位于其符号学的表征，亦即实际的占有必须吸引人们注意其炫示的直接名气和其最终的功能。

这说明，在现代社会中，任何物的存在（当然包括大众文本在内），都依赖于与其他物构成的系列关系，生产/消费的过程，就是在这种系列关系中寻求主体的身份与地位的过程。

在简要明确了意义、快感和社会身份的"意味"之后，本文论述的一个阶段性目标就显露了出来——那么，如何定位生产意义、快感和社会身份的劳动呢？

在这方面，马克思的一个说法提供了重要的启示，"那时，财富的尺度决不再是劳动时间，而是可以自由支配的时间"[①]。马克思的这一对未来社会的预见，使他的商品价值尺度论可以表述为，在人的第一发展形态，商品的价值以劳动时间为尺度；在人的第二发展形态，商品的价值以社会必要劳动时间为尺度；在人的第三发展形态，财富将以人们自由支配的时间为尺度。

作为马克思观点的回应，马尔库塞曾指出，"但日益发展的异化本身却增加了自由的可能性，因为必要劳动越是变得外在于个体，就越不会使个体陷入必然王国。在摆脱了统治的要求之后，劳动时间和劳动能量在量上的减少，将导致人类生存发生质的变化：决定人类生存内容的，不是劳动时间，而是自由时间"[②]。

可见，马克思对未来社会的预见已经部分地变成了现实——人类目前的社会经济发展已经既有人的第二发展形态的特征，同时露出了人的第三发展形态的端倪。与工作时间相对的自由时间，已经不仅在理论

---

① 《马克思恩格斯全集》第四十六卷下册，人民出版社，1980。
② 〔美〕马尔库塞：《爱欲与文明：对弗洛伊德思想的哲学探讨》，黄勇、薛民译，上海译文出版社，2005。

上，而且在实践上也留下了自己的印记——当下的文化/精神产业的发展，不正是以自由时间的增加为基础和必要条件的吗？那么，作为文化/精神产业产品的大众文本，在文化经济层面，是否可以被视作是人的第三发展形态下之价值尺度理论，在实践上的回响呢？

至此，我们至少可以设想——与自由时间相对应的自由劳动，在历史相位上应该属于生产意义、快感和社会身份的劳动。这种劳动至少具有如下两种特征：

第一，它是运用符号工具的创造性劳动，交换原则是等自由时间交换，但等自由时间，就可能不等社会必要劳动时间。

第二，它具有以劳动本身为报酬的特点，即它是生产与消费的统一，也就是说，消费本身也是生产。这就可以解释对于同一个文本，为什么每个人的体验不同——因为其中包含着消费者的再创造。马克思所说的劳动以劳动本身为报酬，应该就是指此种劳动。

所以，在文化经济层面，大众文本的价值内涵应是该文本所被施予的自由劳动。

第三节　人类心理时空——大众文本价值的文化层面尺度

由于社会必要劳动的度量问题，已在马克思的劳动价值论中得到了基本的描述和解决，所以现在我们面临的问题是，如何度量自由劳动。

马克思所言的"自由时间"当然是一个尺度，但文化研究领域对"时间"问题逐步加深的认识，则提出了更为深广的向度。莱辛说，"时间上的先后承续属于诗人的领域，而空间则属于画家的领域"。① 这

———————————

① 〔德〕莱辛：《拉奥孔》，朱光潜译，人民文学出版社，1979。

显然是把文艺产品中的时间和空间区隔开来了。以普鲁斯特的理论和创作为代表的"意识流"理论，开始提出了"心理时间"的问题；而约瑟夫·弗兰克于 1945 年发表的《现代文学中的空间形式》一文则提出了小说的"空间形式"理论。到了巴赫金那里，被再现世界的时间和空间开始融合——"文学中已经艺术地把握了的时间关系和空间关系相互间的重要联系，我们将称之为时空体……这个术语见之于数学科学中，源自相对论，以相对论（爱因斯坦）为依据"，表示着"空间和时间的不可分割（时间是空间的第四维）"[①]。而爱德华·赛义德曾经说过的"想象的地理和历史"[②]，则已经相当明确地标示了文化/精神产品中时间和空间的不可分割及心理性质。

无独有偶，在针对"劳动价值论"的论争中，我国的一些理论工作者对"社会必要劳动时间"这一重要概念，也提出了新的诠释："其最抽象的规定性是指在舍弃掉供求因素的直接生产过程中生产单位商品所耗费的劳动时间；较为复杂的规定性（加入供求因素）是指社会总劳动中按一定比例生产所需要的某一商品的总量即该商品的社会需要量所耗费的劳动时间；更为复杂的规定性（加入空间因素）是指国际平均社会必要劳动时间（'世界劳动的平均单位'）。"[③]

以上学理来源不同的观点，均有一个重要的共同趋向——把握对象时，在传统的时间尺度基础之上，都加入了空间因素。这显然为我们思考自由劳动的尺度问题提供了新的启示。

传统哲学教科书认为，时间和空间是运动着的物质的存在形式，时

---

① 〔俄〕《巴赫金全集》第三卷，白春仁、晓河译，河北教育出版社，1998。
② 〔英〕斯图亚特·霍尔：《文化身份与族裔散居》，罗钢、刘象愚主编《文化研究读本》，中国社会科学出版社，2000。
③ 郭京龙、李翠玲主编《聚焦：劳动价值论在中国理论界》，中国经济出版社，2003 年。

间是物质运动的延续性，空间是物质运动的广延性，因而，时空是不依赖于人的意识而存在的客观实在，是一切物质的存在方式。这样的时空观虽然超越了牛顿的"绝对时空观"，康德、马赫的"主观时空观"以及杜林的"有限时空观"，但相对于实践的人来说，"既不可能历史地显示出不同社会形态中时空学说的特定的社会历史内涵，也不能揭示出它与价值、自由、社会革命等重大理论问题之间的内在联系。这种时空观只能导致对物质、运动、时空、规律的超历史的叙述"①。

爱因斯坦相对论揭示的时空观认为，时间与空间的特性是由物质运动的特性所决定的，时空的相对性质表现在不同的物质运动的存在方式之中，即不同的物质运动特性决定着时空的特性。这一时空观的新特点在于，它以时空关系的学说取代了时空实体说，由此导致了人类时空观念的范式转换。

人的存在方式是独特的，是以精神/心理活动为其自身的阿基米得支点的，因此，除了物质/物理时空以外，人的世界必然应有一个精神/心理时空的维度，即在物的世界中，时空是物质存在的基本形式，而在心的世界中，时空则是人的精神存在的基本形式。

反映人的精神和社会运动的"心理时空"，具有自为性、总体性、发展性等特点。

第一，所谓"自为性"，是指心理时空具有这样一种特性：它是属人的，或"为我"的。"自为"是与"自在"相对的概念。自在的存在是无选择性、无目的性并永远如其所是的存在，而自为的存在则是有选择性、有目的性且永远超越其所是的存在。这就像潘能伯格所指出的那样，"只有人在自己的体验里才赋予事物以它们特有的空间，并且也只

---

① 俞吾金：《马克思主义物质观新探》，转引自余潇枫、崔浩等著《知识经济与思想文化的变迁》，浙江大学出版社，1997。

有人才能够根据与自身的时间差距，把它们理解为过去的或未来的"
"这样，人在面对被体验的现实时，总是已经与自己本身同在"①。也就
是说，自人产生的那一刻起，心理时空才开始了它的扩展和绵延。

第二，"总体性"是说在心理时空中，时间和空间都是被人格化
的，它们是一种不可分割的绵延，即在心理时空的坐标系中，每一个点
都是前一时空点的综合。这好似人生的不同阶段，少年是对幼年的综
合，青年是对少年的综合，老年又是对壮年的综合，每个生命阶段既包
含前一个阶段，又包含并预示着未来阶段。这种"总体性"正是人的
超生命本质之所以能实现的可靠解释——人在有限物理时空中的创造，
一旦进入了人类的心理时空系统，就可能成为超越个体生命的恒久
存在。

第三，心理时空的"发展性"是一个动态可变的系统，随着人的
精神/心理社会实践产生，并随着实践的丰富而发展。人类实践活动水
平的提高，既拓展了自己的物理时空范围，又开拓了自己的心理时空
阈限。

当我们这样描述"心理时空"范畴时，一个重要但常被滥用的概
念——原型，会与"心理时空"发生必然的联系。

原型这个词出自希腊文"archetypos"，"arch"本是"最初的""原
始的"之意，而"typos"意为"形式"。柏拉图使用这个概念来指事
物的理念本源。在他看来，现实事物只不过是理念的影子，因而理念便
是客观事物的"原型"。由此可见，人类思维几乎从一开始，就与客观
存在的原型发生了联系。

法国人类学家迪尔凯姆认为，"集体精神"为整个群体所共有，但

---

① 〔德〕潘能伯格：《人是什么——从神学看当代人类学》，李秋零、田薇译，香港道风山
基督教丛林，1994。

它并不是来自个人意识的总和，也不是个体在自己直接经验中取得的，而是社会"强加"于个人的。"集体精神"的存在并不依赖于个体的存在，当个体死亡时，只要群体还存在，"集体精神"也依然存在。①

迪尔凯姆的"集体精神"思想被人类学家列维—布留尔所继承，他把"集体精神"发展成了"集体表象"的概念："这些表象在该集体中是世代相传；它们在集体中的每个成员身上留下深刻的烙印，同时根据不同情况，引起该集体中每个成员对有关客体产生尊敬、恐惧、崇拜等等感情。"②

但真正使"原型"概念得以重获生命的是荣格。荣格认为，"生活中有多少典型的情境，就有多少种原型。无数次的重复已经将这种种经验刻入我们的心灵的结构之中，不过，其刻入的形式并不是满载内容的意象形式，而是一种起初没有内容的形式；这种形式仅仅相当于知觉和行为的某种类型的可能性"③。

原型批判学家 N. 弗莱认为，原型批判的最佳对象是"高度传统化的文学"，因为原型体现着文学传统的力量，可以沟通不同时空的作品，探讨其共同性，使文学成为社会交际的特殊形态。"所谓高度传统化的文学在大多数场合是那些质朴的、简单的和大众化的文学。"④

可见，在荣格、弗莱等"神话—原型"批评家那里，原型的含义仍局限在"神话"和"心理"范畴，这使它带有浓厚的人类学和心理学的"专业化"色彩。而我们所理解的心理时空范围，包括迄今为止

---

① 转引自朱狄《原始文化研究》，三联书店，1988。
② 〔法〕列维—布留尔：《原始思维》，丁由译，商务印书馆，2009。
③ 转引自〔美〕霍尔、〔美〕诺德拜《荣格心理学纲要》，张月译，黄河文艺出版社，1987。
④ 〔加〕N. 弗莱：《作为原型的象征》，叶舒宪选编《神话—原型批评》，陕西师范大学出版社，1987。

的全部人类精神文化实践的历史及目前正在进行和发展中的这种实践过程，是原型外延的极大化。它的根源是社会心理的，又是历史文化的。它本质上是人类精神文化劳动在个体心理中的沉积，在哲学意义上，它是个体中以特殊形态存在的整体；在心理学意义上，它是处于无意识层面的一种社会文化心理结构。心理时空存在于全人类的心灵之中，生产者创造作品、消费者阅读作品时，它成为构筑意义、快感和社会身份的主角。

综上所述，用人类心理时空作为衡量自由劳动的尺度，与以仍属物理范畴的自由时间为尺度相比，显然更为贴切、合理。这样，对于本文的目的来说，如下结论起码是顺理成章的：在文化经济层面，大众文本的价值量取决于被施予的自由劳动量，而自由劳动量应用人类心理时空来度量。

用心理时空观来考察大众文本的生产/消费，就会发现新的图景。

首先，在文化经济层面，大众文本价值的创造者是多元的，生产者、消费者都参与了创造，但对每一个具体的文本来说，其在文化经济层面的价值，主要取决于它能在多大程度上将全体人类的精神创造——心理时空纳入其中，这是由人类心理时空的总体性所决定的。因为同整个人类的精神/心理实践积淀相比，任何通常意义上的文本生产者（作家）、消费者（读者）所施与文本的自由劳动量都是渺小的。N. 弗莱就此曾非常深刻地指出，"诗只能从别的诗中产生，小说只能从别的小说中产生。文学是自我形成的，而不是由外加的东西所形成的"①。

这种文本价值创造者多元化的观点，自然地同时克服了古典文艺学说和所谓"接受美学"的双重狭隘。古典文艺学说在文本价值创造问

① 〔加〕N. 弗莱：《作为原型的象征》，叶舒宪选编《神话—原型批评》，陕西师范大学出版社，1987。

题上只看到了作家——创作主体，而"接受美学"在此问题上则过分强调文本消费者即阅读主体的作用，它们都忽视了文本价值创造的运动性、环节性。

其次，在文化经济层面，大众文本价值是发展的，即大众文本诞生后，就开始了一个吸收创造、价值膨胀的旅程。这是由人类心理时空的发展性所决定的。

这种发展性对大众文本生产/消费过程中一个重要现象——多次售卖，具有恰当的解释能力。所谓"多次售卖"，是指大众文本在其生产/消费链条上的较为复杂的流程——生产内容的公司（如电视剧制作中心）将大众文本生产出来后，会把产品卖给媒体公司（如电视台），这就构成了第一次售卖——"卖内容"。媒体公司买到大众文本后，把它在媒体上播放，这时，被播放的大众文本转化成了生产者，其产品是"受众群"。媒体公司于是将此产品卖给广告公司，这就是所谓第二次售卖，即"卖受众群"。而无论是生产内容的公司还是媒体公司或广告公司，只要它在经营中获得了某种竞争对手所难以具备的优势，那么它具有了进行第三次售卖——"卖品牌资源"的资格，如电视剧制作中心将动画片中的"蓝精灵"形象，卖给文具公司，授权它生产"蓝精灵"文具。

在这一生产/消费链条上，意义、快感和社会身份被不断地复制、创造，参与其中的人们不断地将自己的自由劳动施予文本。于是，文本在文化经济层面的价值在人类心理时空中不断地弥散、膨胀。

我们相信，用心理时空观来考察大众文本的生产/消费，肯定还有更多的新景观有待发现。

第三章 本土·内在·综合：当代中国大众文本的评价期待

第一节 当代中国大众文本受众的特质

由于大众文化是对大众文本的利用和再生产，大众文本是大众文化的原料兼实体形态，所以，从评价的角度来看，对"大众文化"的批评，在逻辑上也适用于"大众文本"。

当然，评价本身是个值得探讨的范畴。19世纪末20世纪初，价值论产生，起初它把道义、价值这两个概念系统都作为自己的研究对象，但后来又排除了前者，专门研究价值概念体系和评价理论。休谟最早发现了事实命题和道义命题（包括价值命题）的区别，斯蒂文森则进一步揭示了两类命题的本质。他指出，现实中有两种广义的"分歧"：信念分歧——对某一事实相信或不相信；态度分歧——包括"意图、愿望、需要、爱好、欲望等等的对立"。前者是科学争论的目的，涉及怎样描述和解释事物的问题，对立双方不同真；后者是人的主观心理倾向，涉及赞成与反对，对立双方不可能都满意。[①] 而评价所造成的分歧应属后者。逻辑实证主义者（卡尔纳普、罗素、艾耶尔等）认为，价

---

① 〔美〕查尔斯·L.斯蒂文森：《伦理学与语言》，姚新中、秦志华等译，中国社会科学出版社，1991。

值判断表达情感，它们不能像事实判断一样被纳入认识论研究领域，所以评价可以有根据，但不能被证实。

对评价逻辑的研究始于 20 世纪 30～40 年代，较著名的学者有芬兰的冯·莱特、俄罗斯的伊文等。在评价逻辑中，评价的性质是指赋予评价对象的价值值，而价值值在不同的领域有不同的表达词语——在伦理道德领域为善与恶、好与坏；在经济领域为可取和不可取、有效和无效；在功效操作领域为善于和不善于、有效率和无效率；在心理感受方面有快乐和痛苦、不悲不喜等。这些不同的评价词语，可最后概括为在各个领域通用的最高的评价范畴词"好""坏"或"善""恶"。它们也是评价逻辑的最基本的概念。[1]

虽然评价理论的主流一直沿着情感主义的路线行进，但目前还是存在着情感主义和自然主义的对立。情感主义认为，评价只是主体对客体所表达的一种情感态度，客体的特性（描述性）是次要的；而自然主义认为，评价并非主体的态度，评价性是客体的固有属性，评价是对客体的客观性（描述性）特征的理性推导。在我国，由于辩证唯物主义一直是主导哲学，所以对评价的认识是倾向于自然主义的，大多数研究者都认为评价"是以一定价值事实为对象的反映"[2]。

这样一来，如果我们把"大众文化"视为一个与工业化生产、城市化消费、现代传媒化传播相依存的特指概念，即在它于当代中国语境的三种含义——革命的大众文化、民间的通俗文化和当代大众消费文化中只取后者，那么像理查德·汉密尔顿一样，对"大众文本"做如此描述和评价也就是顺理成章的了："通俗的（为大众欣赏而设计）、短命的（稍现即逝）、消费性的（易被忘却）、廉价的、大批生产的、年

---

① 李志才主编《方法论全书（Ⅱ）·应用逻辑学方法》，南京大学出版社，1998。
② 李德顺：《价值论》，中国人民大学出版社，2007。

轻的（对象是青年）、诙谐的、色情的……"①

问题是，当我们在这种意义上审视当代中国大众文本的时候，发现它与产生典型消费主义大众文本的语境殊异。

首先，作为生存方式出现的消费主义大众文化，是 20 世纪 20 年代后，随着西方早发现代化国家工业化、城市化的完成而崛起的。而在当代中国，国家统计局公开的数据表明，1978 年，中国的城市化率为 17.9%；即使到了 2001 年，我国的城市化率也只有 37.7%。② 另外，在拥有典型大众文化形态的早发现代化国家，如日本，1990 年第一产业相关就业人口在就业结构中的比重为 10%。③ 而我国 1999 年时，从事农业的人员占整个就业人员的 50%。④ 也就是说，从整个国家来说，我们既没有实现工业化，也还没有实现城市化。可见，在"硬件"基础上，当代中国大众文本与西方不同。

其次，从"大众文本"得以生产和再生产的"软件"来看，早发现代化国家都有一个具有消费能力的、占人口大多数的中间阶层，作为"大众"来对"大众文本"起支撑和构建作用。而在我国，由私营企业主阶层、个体工商户阶层、专业技术人员构成的具有国际标准"消费能力"的中间阶层，虽然发展得很快，但到 2002 年，这一中间阶层的规模也只约占总人口的 18%，还只是"小众"。这个规模比 1950 年的美国，1975 年的日本要小。⑤

这样看来，中国当代大众文本至少有不同于典型西方大众文本的如下特殊性。

---

① 转引自〔美〕丹尼尔·贝尔《资本主义文化矛盾》，赵一凡等译，三联书店，1989。
② 国家统计局编《中国统计摘要》（2002），中国统计出版社，2002。
③ 陆学艺：《当代中国社会阶层的分化与流动》，《江苏社会科学》2003 年第 4 期。
④ 国家统计局编《中国统计摘要》（2000），中国统计出版社，2000。
⑤ 陆学艺：《当代中国社会阶层的分化与流动》，《江苏社会科学》2003 年第 4 期。

第一，中国当代大众文本，在中国社会实质上是"小众"文本，因为无论从城市人口比例——1999年城市人口占总人口的34.8%，[①] 还是从前面提到的中间阶层占总人口的比例来看，能真正"消费"大众文本的，都只占国家总人口的少数。它的"大众"文本的名号，具有一定的虚伪性和欺骗性。

第二，实践表明，大众文本不只是在被"消费"，还在被"仰视"，例如，目前我国许多定位于指导高收入人群消费的精美杂志的购买者，竟是收入平平的打工族。这时，杂志内容不是用来"消费"的，而是用来"仰视"的。而"仰视"的主体与"消费"的主体，对文本的态度有着显著的差异——如果说"消费"还有一定的主动取舍的话，那么"仰视"则会照单全收，并努力效法。

这些特殊性，一方面，形成了广大"仰视"大众文本人群自我"失语"的局面。费斯克曾就"仰视"之弊指出，"如果我们在解码时采用与制码一样的意识形态，我们就被拖进白人、男性、中产阶级、美国人（西方人）的传统道德观的位置"[②]。在当代中国，广大"仰视"大众文本人群被拖进的异己价值观位置到底是何暂且不论（具体分析见第四章第三节），但他们作为一个社会阶层的自我"失语"，却显然是有悖于"消灭剥削，消除两极分化，最终达到共同富裕"[③] 的社会主义理想型价值观的，因而是不合理且应改变的。

另一方面，中国当代大众文本的特殊性，还造成了西方定性评价大众文本的相关理论，在中国的"水土不服"。

---

① 陆学艺：《当代中国社会阶层的分化与流动》，《江苏社会科学》2003年第4期。
② 转引自鲁哲《意义的生产与流通——费斯克〈电视文化〉述评》，《新闻与传播研究》1998年第4期。
③ 《邓小平文选》第3卷，人民出版社，1993。

第二节　西方定性评价大众文本相关理论的中国语境

追溯起来，当大众文本在西方刚一出现的时候，左翼和右翼便都迅速对它表达了不满。无论是 18 世纪吸引女性读者的小说、19 世纪大量发行并吸引了工人阶级读者的报纸、20 世纪初美国移民喜欢去看的 5 分钱一位的电影，还是 20 世纪 40~50 年代在青少年中风行的漫画书，都受到了理论家的排斥。右翼理论家指责低劣的大众文本对大众品位的不良影响，左翼则指责大众文本是精英驯服本不受控制的大众的手段。右翼批评没有获得系统的发展，但左翼批评则通过法兰克福学派形成了一套对大众文本的评价体系。

法兰克福学派的霍克海默和阿多尔诺，是西方最早对"大众文本"做系统哲学研究的理论家，他们在《启蒙辩证法》一书中开辟专章"文化工业，欺骗群众的启蒙精神"，论述了"大众文本"的实质。他们把"大众文本"的生产称为"文化工业"，认为它是现代社会统治人的一种新的工具。在通过大众文本生发的"大众文化"的统治下，大众丧失了批判意识，丧失了自己的头脑和判断能力，大众文本使"享乐意味着全身心的放松，头脑中什么也不思念，忘记了一切痛苦和忧伤。这种享乐是以无能为力为基础的。实际上，享乐是一种逃避，但是不像人们所主张的逃避恶劣的现实，而是逃避对现实的恶劣思想进行反抗。娱乐消遣作品所许诺的解放，是摆脱思想的解放"[1]。

该学派的另一个理论名家马尔库塞则分析道，"公共运输和通信工具，衣、食、住的各种商品，令人着迷的新闻娱乐产品，这一切带来的都是

---

[1] 〔德〕马克斯·霍克海默、〔德〕特奥多·威·阿多尔诺：《启蒙辩证法（哲学片断）》，洪佩郁、蔺月峰译，重庆出版社，1990。

固定的态度和习惯，以及使消费者比较愉快地与生产者、进而与社会整体相联结的思想和情感的反应"，从而助长了人的盲从意识，"这是一种好的生活方式，一种比以前好得多的生活方式；但作为一种好的生活方式，它阻碍着质的变化。由此便出现了一种单向度的思想和行为模式"①。

法国社会学家富拉斯蒂埃在谈到大众传播媒介对人的心理影响时说，由于大众媒体的信息刺激，使人们"对于生活的信念，对于生活的热爱，减弱了。人们远不像以前那样感受到大自然和人类群体的力量，以及家庭、住所、村庄、街区的温馨"②。

威廉斯在谈到大众文本时认为，"大众文化不是因为大众，而是因为其他人而得其身份认同的，它仍然带有两个旧的含义：低等次的作品（如大众文学、大众出版商以区别于高品位的出版机构）和刻意炮制出来以博取欢心的作品（如有别于民主新闻的大众新闻或大众娱乐）。它更现代的意义是为许多人所喜爱，而这一点，在许多方面，当然也是与在先的两个意义重叠的"③。

布尔迪厄在《关于电视》一书中成功地剖析了新闻内部循环所导致的同质化问题和文化生产场与商业逻辑的相互关系，并得出结论说，电视在当代绝不是一种民主的工具，相反，却带着压制民主的强暴性质和工具性质，已经从文化和交往的传播手段沦落为一种典型的商业操作行为。

斯威伍德甚至根本否认大众文化或大众社会的实体存在，认为只有大众文化、大众社会这样的意识形态，"如果说人类以文化作为手段，

---

① 〔美〕马尔库塞：《单向度的人》，刘继译，上海译文出版社，2006。
② 〔法〕让·富拉斯蒂埃：《2001 年的文明》，朱邦造、陈立春译，商务印书馆，1996。
③ 〔英〕雷蒙·威廉斯：《关键词：文化和社会词汇表》，转引自刘水平《作为媒介文化的大众文化》，《云梦学刊》2004 年第 4 期。

确认其人文性质与人生标的，并以文化作为鼓舞自由与尊严之追求，那么大众文化这样的概念与理论，也就否认了、拒斥了文化的这些意义。作为一种神话，大众文化合法化了资产阶级兼具民主与极权的支配状态；作为一种理论，大众文化是空洞而贫乏的，是充满了意识形态作用的，是让人鄙夷的"①。

但所有这些否定性的评价，与当代中国人接触"大众文本"的最初实践，都有些格格不入。经历过 20 世纪 80 年代初的人都无法忘记，在耳朵被语录歌磨出了老茧之后，某天早晨醒来，突然听到港台文化工业送来的邓丽君歌曲时的欣喜，听到李谷一不同于常人的演唱法时的兴奋，以及观看电视剧《霍元甲》时的集体狂欢。这些"大众文本"让人们发现，人除了是政治的、阶级的，还可以是个人的、自己的。人除了以革命的名义拼命工作之外，还可以有娱乐、有消遣。这也是人生的权利！把人从政治的战车上松绑，这无疑是一种批判与反叛。这时，大众文本不仅没有为社会辩护，而且本身就发泄着对极左时期政治权力关系的不满；不仅没有逃避思想，而且本身就是思想！

不但在否定的向度上，"大众文本"在当代中国的传播实践让西方理论家们的评价无的放矢，而且在肯定的向度上，这种"失灵"现象也同样存在。

西方理论家对"大众文本"定性评价由否定到肯定的转折，发生在本雅明身上，他的著名论文《机械复制时代的艺术作品》成了这一转折的界碑。与阿多诺对机械复制的态度截然相反，本雅明认为，"在机械复制时代，对艺术进行分析就必须公正地看待这些关系，因为它们带给我们一种极为重要的洞见。在世界历史上，机械复制首次把艺术作

---

① 〔英〕阿兰·斯威伍德：《大众文化的神话》，冯建三译，三联书店，2003。

品从对仪式的寄生性依赖中解放出来"①。

同样，麦克卢汉的媒介文化理论认为，"全球村已将等级、统一和个体化的印刷制作文化横扫于一边，取而代之的是一种更可触知的同步文化"，"这种新的感知模式，对那些已经有足够的接触而不至于落后的人来说，消除了社会的差别，并将人类带入了一种如痴如醉的极为融洽的怀抱之中"②。

霍尔更具体地提出了"大众文本"受众的三种解码地位，一是主导—霸权地位，受众与传播者立场完全一致，意义根据编码者的设想而生产出来；二是协调的符码或者地位，受众一方面承认意识形态的支配权威，另一方面又保留自己的独特意见，形成充满矛盾和微妙竞争的协商立场；三是对抗的符码，受众了解传播者的意图，但坚持自己的立场，以一种与文本愿望格格不入的方式进行解读，在某一个参照框架中将信息再次总体化。③ 就这样，霍尔一反传统大众文本理论单质的、机械的和消极的大众观，发现了异质的和能动的"大众"，以及更有建构性的"大众文本"。

费斯克另辟蹊径，创造性地提出"两种经济"理论。的确，大众不参加文化产品的直接制作，他们的权利只剩下对产品的无奈选择，但是这种顺从、被操纵的状态只发生在"金融经济"领域，在更具本真意义上的"文化经济"领域，受众身兼二职，既是意义的消费者，同时是意义的生产者——正是在这个领域，受众显示了自己的力量。由于

① 〔德〕瓦尔特·本雅明：《机械复制时代的艺术作品》，胡惠林、单世联主编《文化产业研究读本（西方卷）》，上海人民出版社，2011。
② 转引自〔英〕尼克·史蒂文森《认识媒介文化：社会理论与大众传播》，王文斌译，商务印书馆，2001。
③ 〔英〕斯图亚特·霍尔：《编码，解码》，胡惠林、单世联主编《文化产业研究读本（西方卷）》，上海人民出版社，2011。

制作者和传播者产生不了产品的意义，对受众的控制就无从谈起，于是，费斯克得出一个全新的结论，"大众文化的创造力与其说在于商品的生产，不如说在于对工业商品的生产性使用"[①]。这样，"大众文本"就具有了解放的意义。

鲍德里亚则通过对广告的分析，对马克思主义进行了符号学转向，创立了所谓"符号政治经济学"，将符号价值列为商品使用价值和交换价值之外的第三种属性，从而把"大众文本"对社会的建构意义引入了经济基础领域。

所有这些乐观主义的对"大众文本"的肯定性评价，基本都建立在一个共同的基础之上——"大众"是积极、主动的，他们对"大众文本"的接受有着批评的维度。但在中国这类后发现代化国家，"大众文本"被"消费"，并不像在西方早发现代化国家中那样，是一种典型语境。与之相比，在后发现代化国家，"大众文本"在更广泛的社会层面中，是被"仰视"的，即毫无批判地被全盘接受。这种情形正如一个相声作品所描述的那样，裁缝做西装时，把"样板"上的补丁也接受并模仿了下来。现在中国城市街头满街男人的劣质西装，满街女人的尖头皮鞋，以及此起彼伏的"哈日族""哈韩族"，便都是这种"仰视"的征候。所以，西方理论家建立在对"大众"及其"消费"乐观理解基础上的对"大众文本"的肯定性评价，在当代中国亦是水土不服。

第三节 本土批评对当代中国大众文本的 定性评价和定量分析

随着大众文本在当代中国的崛起，我国学术界也掀起了对大众文本

---

① 〔美〕约翰·费斯克：《理解大众文化》，王晓珏、宋伟杰译，中央编译出版社，2001。

的评价热潮。

20世纪70年代末至80年代初，对于舶来的港台大众文本，有些理论家认为它们是资产阶级的"靡靡之音"。由于当时中国知识界正在开展"拿来主义"的思想解放运动，所以这种否定的声音随着时间的推移，很快被边缘化了。

对当代中国大众文本的否定评价真正形成气候，是1993年。王晓明等人声明，"今天的文学危机是一个触目的标志，不但标志了公众文化素养的普遍下降，更标志着整整几代人精神素质的持续恶化。文学的危机实际上暴露了当代中国人人文精神的危机，整个社会对文学的冷淡，正从一个侧面证实了，我们已经对发展自己的精神生活丧失了兴趣"①。面对王朔等作家有消解神圣、躲避崇高倾向的作品，及这些作品被包装成影视剧等"大众文本"形式后的迅速走红，以及王蒙等人对这种倾向及现象的高度肯定，王晓明等人以道德主义、审美主义视角，表达了对现实生活中大众文本泛滥及无序的不满与忧虑。其思想资源主要是法兰克福学派的批判理论。

但更富现实关怀的否定评价，则来自新"左"派。例如，戴锦华在《大众文化的隐形政治学》一文中认为，大众文本就是中产阶级文本，是资本主义与资产阶级的意识形态，这种浮华的文本掩盖了正在发生阶级急剧分化的中国社会状况。它是以非意识形态的方式行使的意识形态霸权。② 这种声称代表弱势群体利益的呼声，较为敏锐地反映了大众文本在当代中国的生态，也显示了政治经济学批判的优势，但在马克思主义理论形态的创造性上，显然与法兰克福学派批判理论不可同日

---

① 王晓明等：《旷野上的废墟——文学和人文精神的危机》，转引自《关于"人文精神"讨论综述（上）》，《文艺理论与批评》1995年第3期。
② 戴锦华：《大众文化的隐形政治学》，《天涯》1999年第2期。

而语。

当然，也有理论家（如李泽厚、王蒙等）对当代中国大众文本持肯定性评价，他们主要是从中国社会现代化、世俗化转型的角度，肯定其进步政治意义。

例如，王蒙认为，"很难断言市场正在吞噬高雅的或严肃的文化事业。在市场推出了大量趣味性实用性的通俗出版物的同时，近一二年，我们看到了《读书》杂志的订户大幅度增加，《东方》杂志的创刊及它的从内容到形式的高水平高质量，新近创刊的'人文'报刊还有《中华读书报》《寻根》《书与人》《书城》《散文与人》《大家》《今日先锋》《爱乐》《中华散文》《散文月刊（海外版）》等等。我们看到了许多大型的、成龙配套的丛书、文库的出版。我们看到了一些企业正在慷慨地资助演出以及出版事业。我们看到对于文物保护的投入正在大幅增加。我们看到中国仍然是全世界独一无二的严肃文学期刊大国，《收获》《当代》《十月》《花城》《钟山》……始终保持着一定的质量并正在做出新的努力。金字塔的塔尖无须因为塔基的面积广大而感到不平衡，正如塔下的一切对于高高的塔尖也只能仰视和发出赞美。"①

随后，众多的评论家、学者和作家，卷入了这场对大众文本评价的论争，并逐渐形成了以二张（张承志、张炜）和二王（王朔、王蒙）等为代表的两种针锋相对的派别：人文精神派与世俗精神派，以及相应的两种价值取向：道德主义与历史主义。

陶东风梳理了与此讨论相关的关键词系列，认为与"人文精神"的意义相同或相近的是，终极关怀（或终极价值）、形而上、价值理性、超越（超验）、绝对、神圣、宗教精神、（一定程度的）普遍主义

---

① 王蒙：《人文精神问题偶感》，转引自《关于"人文精神"讨论综述（上）》，《文艺理论与批评》1995年第3期。

"天国"、绝对命令；而与"人文精神"相反的关键词则是，世俗主义、功利主义、实用主义（包括政治的与经济的）、商业主义（商品大潮）、消费主义、物质主义、享乐主义、拜金主义、形而下、工具理性、技术主义、经验等。并进而提出了调和上述两种观点的"第三种立场"，"只要我们站在超越争论双方的第三种立场上，就不难发现，人文精神论者与世俗精神论者的分歧乃起于评价标准与评价角度的差异，双方都从自己的角度看到了同一种社会现象的某方面，两者完全可以形成互补的关系，而不是像现在这样势不两立、恶语相向。我觉得人文精神论者采用的是道德主义的角度与标准，而世俗精神论者采用的则是历史主义的角度与标准。而我则提出要建立'第三种立场'，发出'第三种声音'，历史主义不排斥道德主义，道德主义不排斥历史主义，而是在承认各自的有效性的同时也意识到各自的局限性，形成融历史精神与道德激情于一身的'第三种声音'"①。

　　这种把对当代中国大众文本的否定和肯定态度，界定为浪漫道德主义和理性历史主义之争的看法，是有深度的，因为从这一角度来看，在人文精神讨论之后发生的关于知识分子与世俗化及大众文化的关系（对王朔评价成为讨论的中心）的讨论，以及被称为"20世纪最后一次讨论，也是21世纪最先一次讨论"②的关于文艺精神价值取向的讨论，都是这两种"主义"之争。尤其是后者，以陆贵山先生和童庆炳先生为首的论辩双方，虽然没有直接在对"大众文本"的评价问题上交锋，但从双方的理论倾向上考察——"陆贵山先生对于文艺的社会理性价值取向的倡导毫不掩饰，而童庆炳先生对于文艺的人文

---

① 陶东风、金元浦：《人文精神与世俗化——关于90年代文化讨论的对话》，《社会科学战线》1996年第2期。

② 张良村：《文艺精神价值取向的讨论的背景剖析》，《文艺报》2000年2月15日。

关怀价值取向的偏爱也是不言而喻"①，前者的理性历史主义观点和后者的浪漫道德主义诉求还是相当清晰的。

综上所述，本土批评对当代中国大众文本的定性评价，在一定程度上借助了西方的理论资源，如对大众文本持否定态度者对法兰克福学派的观点和论据就多有挖掘和利用，也澄清了不少问题，但总体上看，由于没能对大众文本的重要特性之一——传媒性做深入探讨，如像麦克卢汉、费斯克那样，所以与西方理论话语对大众文本的定性评价比较起来，我们的本土批评的视域还是显浅显窄的。

相比之下，本土批评对当代中国大众文本的定性与定量综合评价，无论在起步时间方面，还是在水平和成果方面，都不容小视。

就笔者所掌握的资料来看，1980 年英国学者大卫·莫利开始的对 BBC 的晚间新闻节目"举国上下"观众的研究，是较早的一次对大众文本进行的定性与定量综合评价。莫利此次研究的目标，是理解和证明霍尔的制码/解码理论模式，即不同观众如何对同样的节目进行解码。莫利根据职业划分，安排了 29 组观众，每组 5～10 人，让他们观看两个 BBC 晚间新闻节目"举国上下"，然后分析各组的解读。莫利特别感兴趣的是霍尔"观众不同的解码是其阶级立场的结果"这一论述。在研究中，他发现多数观众对电视节目的解读证实了霍尔的观点言之成理，即阶级立场决定阅读。不过，莫利承认他的研究只是以小组为单位，还没有达到个人为范本，虽以经验模式为大众文本的研究打开了新思路，但仍需做进一步努力。②

此后不久，1982 年 1～8 月，我国就在北京进行了第一次受众调查，由中国社会科学院新闻研究所发起，《人民日报》《工人日报》《中

---

① 张良村：《文艺精神价值取向的讨论的背景剖析》，《文艺报》2000 年 2 月 15 日。
② 陆扬、王毅：《大众文化与传媒》，上海三联书店，2001。

国青年报》和北京广播学院（现"中国传媒大学"）的代表共同组织，成立了北京新闻学会受众调查组，并首次运用了定量分析与定性分析综合的实证研究方法，开创了我国大众文本评价的新领域。

目前，这种定量分析与定性分析相结合的综合实证研究，主要有四种类型。第一，既有文本的诊断—药方型评价。如 1993 年 3 ~ 4 月《法制日报》委托中国人民大学舆论研究所进行的读者调查。《北京青年报》《中国经营报》《精品购物指南》等报纸和中央电视台、北京电视台等大众媒介也都做过这类研究。第二，文本生产前的策划型评价。如 1999 年进行的"早间电视节目定位策略与基础"研究。第三，文本广告价值评价。即媒介调查公司和广告代理公司依据调查数据和分析报告，为广告投放时的媒体选择提供依据。第四，文本生产发展趋势评价。如北京广播学院（现"中国传媒大学"）广告系的关于"媒介经营与产业化研究"。在方法上，这类定量分析与定性分析相结合的综合评价，主要采用问卷形式的抽样调查法，同时也对内容分析法、专家调查法、实验室法等进行了有益的尝试和探索。

现以实例来说明这种综合评价的具体操作模式——

《法制日报》为了在激烈的竞争中，明确自己在当代中国大众传播网络中的位置和角色，于 1993 年 3 ~ 4 月委托中国人民大学舆论研究所进行了读者调查，[①] 主要目的是了解该报的基本情况，尤其是想把握读者在阅读需求和阅读选择方面的规律和特点，从而发现报纸发展的障碍性因素，廓清报纸发展的未来方向。

调查采用统一问卷的方式进行，从有效问卷中随机抽取实际样本5018 份，使样本的构成与该报读者的构成相吻合，并将调查所获全部

---

① 喻国明、刘夏阳：《中国民意调查》，中国人民大学出版社，1993。

样本数据（录入数据约 40 万个），通过电子计算机汇总处理，并得出相关的分析和结论。

通过对读者群性别、年龄、文化程度和地区构成等指标与当时法制系统的人员构成的总体指标的接近性，得出其"系统内报纸"的角色形象。由此，提出"如欲巩固阵地"或"如欲进一步扩大自己的阵地"这两种可能性的建议。通过对《法制日报》内容与栏目的受众率分布，即"经常阅读"或"有时阅读"范畴的分析，得出读者对具体内容和栏目的兴趣和评价，依此获得改善内容和栏目的依据。通过对读者的意见调查，了解到主张该报扩版的呼声占据多数，并提出了具体的操作建议。

综上所述，我们期待中的对中国大众文本的理想评价模式，至少含有本土、内在、综合三大要素。而当年，马克思也正是运用定量与定性综合研究方法，来考察资本家付出的劳动力价格与其购买到的活劳动之间的关系这样的内在问题，从而发现了剩余价值规律的。

当然，这种被期待的理想评价实践，必须克服熟练掌握量化评价工具、切实发掘当代中国大众文本作为媒体的内在问题、时刻警惕西方理论话语对本土问题的遮蔽等困难，将是充满艰辛和希望的理论探索。

第四章 当代中国大众文本之价值观模式与分布规律

第一节 价值观：观察大众文本的核心角度与当代中国模式

（一）观察文本之价值观角度的核心地位

虽然对价值观问题的理论研究，可追溯至马克思对意识形态的考察（《德意志意识形态》是这方面的代表作），但这一问题较为独立、明晰的理论形态，是出自 20 世纪 30 年代的心理学家之手。美国心理学家奥尔波特（G. W. Allport）和弗农（P. E. Vernon）根据德国哲学家和心理学家斯普兰格（E. Spranger）对人的六种分类（经济的、理论的、社会的、审美的、宗教的、权力的）学说，制订了一份"价值观研究量表"，进行了具有开创意义的价值观研究。

20 世纪 50 年代，由克拉克洪（Clyde Kluckhohn）提出的价值观定义——"是一种外显或内隐的，有关什么是'值得的'的看法，它是个人或群体的特征，它影响人们可能会选择什么行为方式、手段和结果来过日子"[1]，在西方

---

[1] 转引自 John P. Robinson、Phillip R. Shaver、Lawrence S. Wrightsman 主编《性格与社会心理测量总览（下）——信念、态度及特质篇》，杨宜音、彭泗清等译校，远流出版事业股份有限公司，1997。

心理学界被广泛采用，从而使价值观在个人心理层面的意义得以彰显。

20 世纪 70 年代，罗克奇（Rokeach）把价值观理解为一种信念，且把价值观分为终极价值观和工具性价值观两个方面，开始了从维度上而不仅仅是从内容上对价值观进行分析和考察，使价值观的研究进一步深入到了社会层面。

更为重要的是，曼海姆（Karl Mannheim）从知识社会学视角深刻分析了意识形态的特殊概念和总体概念，并申明"存在于任何特定时代的历史个性的内在形式，无论是个人人格的还是民间的精神，以及外在的状况都与隐藏在内在形式背后的过去一起决定着未来事物的形态"[①]。这就挖掘出了价值观概念的历史内涵。特别是 20 世纪 80 年代以来，以施瓦茨（Shalom H. Schwartz）为代表的价值观研究者，从需要和动机出发来解释价值观的深层含义，试图在此基础上构建一个具有普遍文化适应性的价值观的心理结构，从而将价值观的意义扩展到了整个文化领域。

进入 20 世纪 90 年代之后，大众文化及作为其物质形态的大众文本在当代中国的崛起，无疑昭示出某种新的价值观结构在当代中国的成型，因为价值观（取其历史文化层面内涵）对某种文化来说，是起着核心作用的要素。

英国社会学家安东尼·吉登斯将文化定义为一个社会所有成员的全部生活方式。如前所述，他认为，文化的组成包括一个社会群体的成员所持有的价值观，他们所遵循的常规，以及他们所创造的物质产品。他还进一步阐明，"现代西方人在拿自己的文化与其他文化做比较时，总

[①] 〔德〕卡尔·曼海姆：《意识形态与乌托邦》，黎鸣、李书崇译，商务印书馆，2000。

是从物质主义的价值观出发，这本身是一种很不正常的态度"①。可见，在吉登斯的理论体系内，价值观是文化的核心，它决定文化的内涵和特色。

美籍华裔学者朱谦博士，则通过分析中国文化的特色，对价值观在文化中的核心地位，进行了更加具体的阐述。他认为，文化乃个体与他人、物质和思想之间的关系之总和，它反映的是个体的取向。这些关系中的每一个都可区分为两类，一类是实际的关系（如个体拥有某产品），一类是观念上的关系（如个体认为拥有这一产品表现了他的社会地位）。如果说所谓"实际关系"代表了人们的行为和社会交往，"符号关系"则代表了这些行为和社会交往所遵循的准则和规范，其中最主要的就是价值观。

那么，当代中国大众文本勃兴所昭示的新的价值观体系，到底是怎样一种现状呢？

（二）当代中国的四种价值观模式

王一川指出，一定时段的文化应是一个容纳多重层面并彼此形成复杂关系的结合体（并非统一的整体）。而这种容纳多样的文化结合往往有四个层面或类型：一是主导文化，即以群体整合、秩序安定和伦理和睦等为核心的文化形态，代表政府及各阶层群体的共同利益，这是当前中国文化与西方文化不同的一个重要方面。二是高雅文化，代表占人口少数的知识界的理性沉思、社会批判和美学探索旨趣。三是大众文化，运用现代大众传播媒介制作而成，尤其注重满足数量众多的普通市民的日常感性愉悦需要。四是民俗文化，代表更底层的普通民众的出于传统

---

① Anthony Giddens, Sociology: *A Brief but Critical Introduction*, London and Basingstoke: The Macmillan Press Ltd., 1982, p. 24.

的自发的通俗趣味。①

文化在一定的社会历史条件下，按其价值观取向产生、积累、形成和发展，逐步成为一种稳定的形态，这就是文化模式。美国文化人类学家露丝·本尼迪克特在《文化模式》一书中提出了"文化模式"问题，她说，"一种文化就像是一个人，是思想和行为的一个或多或少贯一的模式"②。即认为文化在整合的过程中，形成了具有一定价值观取向的文化模式，不同的文化模式具有不同的价值观取向。1990 年 3 月至 1991 年 1 月在 43 个国家进行的"世界价值观调查"，也证明了"前后连贯、协调一致的文化模式是确实存在的"③。

这样，从王一川归纳出的当代中国的四种文化类型/模式，就可以相应地得出当代中国的价值观体系，即国家主导价值观、知识分子价值观、大众消费主义价值观和民俗传统价值观。

美国社会学家马丁·怀特则认为，从意识形态及其文化表现分析，当代中国社会存在三大文化和思想趋势，它们的影响交织形成了当代中国的文化景观。④ 这三大文化和思想趋势是，以儒家思想为主导的中国传统文化，占主导地位的马列主义、毛泽东思想和当代西方文化。用不同文化模式具有不同价值观取向的观点来推演，马丁·怀特的看法可以视为，当代中国社会存在中国传统、马列主义毛泽东思想、当代西方三类价值观。

王一川的概括和马丁·怀特的总结相比，前者有深入当代中国社会

---

① 王一川：《高雅型大众片与影片文化类型》，《当代电影》2001 年第 2 期。

② 〔美〕露丝·本尼迪克特：《文化模式》，王炜等译，社会科学文献出版社，2009。

③ 〔美〕罗纳德·英格尔哈特：《变化中的价值观：经济发展与政治变迁》，《国际社会科学杂志》（中文版）1996 年第 3 期。

④ Martin K. Whyte, Evolutionary Changes in Chinese Culture. Charles E. Morrison and Robert F. Dernberger, eds., Focus: China in the Reform Era, Asia – Pacific Report 1989, Honolulu: East – West Center, 1989, pp. 93 – 101.

具体阶层结构,更富于内在性的优势;而后者则显然更富于历史感,从思想发展的历史脉络中把握住了我国当前最活跃的三大历史与社会力量。因此,当我们力图从价值观入手对当代中国大众文本进行模式分析的时候,沿着王一川概括的理路前行,同时吸纳马丁·怀特观点富于历史感之长,应该是比较可取的。

(三)目前的主导价值观是社会主义功利本位的

前面提到的 1990 年 3 月至 1991 年 1 月在 43 个国家进行的"世界价值观调查"中,有一个关于中国的耐人寻味的结论,"中国是我们的调查对象中最少宗教性而最强国家性的社会"①。这无疑从实证的角度道出了国家主导价值观在当代中国的地位。此外,当代美国著名哲学家和伦理学家罗尔斯提出的"重叠共识"思想——不同价值体系之间对于某些基本价值要求的具体说明论证可能是很不一致的,但对于这些基本价值要求本身是肯定的。这也为多元价值的社会统一性,即国家主导价值观在理论层面的合法性,提供了佐证。

从中华人民共和国成立到现在,以中共十一届三中全会为转折点,我国的国家主导价值观前后经历了一个较大的转型。这种转型从历代国家领导人对其价值观的经典表述中,可以清晰地发现一种脉络。

毛泽东说,"全心全意地为人民服务,一刻也不脱离群众;一切从人民的利益出发,而不是从个人或小集团的利益出发;向人民负责和向党的领导机关负责的一致性,这些就是我们的出发点"②。并号召学习白求恩"毫不利己专门利人""毫无自私自利之心"的"真正共产主义

① 〔美〕罗纳德·英格尔哈特:《变化中的价值观:经济发展与政治变迁》,《国际社会科学杂志》(中文版)1996 年第 3 期。
② 《毛泽东选集》第三卷,人民出版社,1991。

者”的无私奉献精神。①

邓小平指出，一切工作得失成败的判断标准，“应该主要看是否有利于发展社会主义社会的生产力，是否有利于增强社会主义国家的综合国力，是否有利于提高人民的生活水平”②。

毛泽东的“全心全意”论和邓小平的三个“有利于”论相较，两者虽然都强调了“人民本位”，但在义利关系方面，前者突出了共产主义理想的超越性，后者则显然以社会主义功利为价值准则。也就是说，如果前者是社会主义理想型价值观，那么后者则属社会主义功利型价值观。

后来，江泽民提出“三个代表”——始终代表中国先进生产力的发展要求，代表中国先进文化的前进方向，代表中国最广大人民的根本利益，是我们党的立党之本、执政之基、力量之源；胡锦涛在中共十六届三中全会提出“坚持以人为本，树立全面、协调、可持续的发展观，促进经济社会和人的全面发展”的科学发展观。虽然强调重点有所不同，但都较明显地属于社会主义功利型价值观。

1516 年，英国人莫尔写下了《乌托邦》一书，以文学的笔调，揭露了资本主义发展初期的罪恶，描绘了一个没有剥削和压迫的理想社会，从而在人类思想史上，开启了追求社会主义价值理想的先河。19世纪 40 年代，通过分析资本主义社会中人剥削人的实质，马克思和恩格斯共同创立了源于现实的社会主义理论，发表了《共产党宣言》，揭示了私有制是一切剥削的根源，指出“共产党人可以把自己的理论概括为一句话：消灭私有制”③，而为社会主义实践提出了价值目标。这

① 《毛泽东选集》第二卷，人民出版社，1991。
② 《邓小平文选》第三卷，人民出版社，1993。
③ 《马克思恩格斯选集》第一卷，人民出版社，1972。

种寄托了人类价值理想的社会主义理论，在当代中国的理论实践形式之一，便是经过了几代人摸索而逐渐成熟的社会主义功利型价值观。也就是说，当代中国价值观体系中的"国家主导价值观"，即为社会主义功利型价值观。

（四）资本主义价值观的三个发展阶段

社会主义价值观的对立面，是同样缘起于西方的资本主义价值观。中世纪反对神权统治的文艺复兴运动（14 ~16 世纪）、16 世纪的宗教改革运动和 18 世纪的启蒙运动等三大思想运动，孕育了新兴的资产阶级意识形态。在其后的发展中，资本主义的价值观在一次次资产阶级革命中得以完善，尤以 18 世纪（1789 ~1794 年）法国《人权宣言》为代表，形成了资本主义意识形态的较为完整的表述：人生来是自由的，在权利上是平等的；国家的主权在于人民；私有财产是神圣不可侵犯的权利等。这种以资本主义私有制为物质基础的价值观，到目前为止大致经历了三个发展阶段。

齐格蒙特·鲍曼把现代社会分为"生产社会"和"消费社会"，认为"在现代社会的这两个阶段中，如果没有其成员制造产品用来消费，那是万万不行的——两个社会的成员理所当然也都在消费着。两个现代阶段之间的差异仅仅在于其侧重点的不同——然而侧重点的改变却对社会、文化和个人生活的方方面面几乎都带来了巨大的差异"①。

在"生产社会"，美国学者罗森堡和小伯泽尔在谈到这一阶段的价值观时指出，资本主义经济制度和价值准则，不信奉任何其他的原则，只是遵循一条经济原则，那就是经济效益和活力。"主导的原则是使用

---

① 〔英〕齐格蒙特·鲍曼：《全球化——人类的后果》，郭国良、徐建华译，商务印书馆，2004。

最省钱的形式、地点和生产规模"①。也就是说，处于"生产社会"的资本主义价值观是效率本位的。

资本主义以无情的效率创造财富，而"消费——重复众所周知的事实——是一切经济活动的唯一目标和对象"②，所以随着这种生产方式的发展，消费文化渐成气候。麦克德里克等学者将消费文化的形成追溯到 18 世纪英国的中产阶级，以及 19 世纪英国、法国和美国的工人阶级，认为当时的广告、百货商店、度假胜地、大众娱乐和闲暇等对他们产生了重大的影响，从而促进了消费文化的诞生。在 19 世纪 80 年代，大众的消费方式又有了增加，不仅涉及服装和家庭环境，而且涉及信息资源、旅游和自由时间。20 世纪 40 年代以后，广告、电影业、时尚化妆品、大众小报、杂志和体育运动先后成为大众消费的对象。

至于"生产社会"向"消费社会"转化的具体时间，詹明信认为，"资本主义这个新动向在美国始于 40 年代后期和 50 年代初期的战后繁荣年代，在法国则始自 1958 年第五共和的建立"③。泼赖恩·格瑞格的著作《现代英国：1760 年以来的社会和经济史》也显示，20 世纪 60 年代的英国才真正进入了消费社会，"这是首次出现的情形，烤鸡、钓竿、浆果、电炉、电冰箱、轿车、尼龙内裤……进入了工人家庭的必需品清单"④。

在丹尼尔·贝尔看来，20 世纪 50 年代以后，西方主要发达资本主义国家进入"消费社会"，一方面要归功于技术革命，特别是对电器

---

① 〔美〕内森·罗森堡、L. E. 小伯泽尔：《西方致富之路》，刘赛力等译，三联书店（香港）有限公司，1989。

② 〔英〕凯恩斯：《就业、利息和货币通论》，高鸿业译，商务印书馆，2009。

③ 张旭东编《晚期资本主义的文化逻辑——詹明信批评理论文选》，陈清侨等译，香港：牛津大学出版社，1996。

④ Pauline Gregg, *Modern Britain：A Social and Economic History Since* 1760, New York：Pegasus, 1967, p. 555.

（如洗衣机、电冰箱、吸尘器等）的大规模使用。另一方面还得益于三项社会发明：一是采用装配线流水作业进行大批量生产，这使得汽车的廉价出售成为可能；二是市场的发展促进了鉴别购买集团和刺激消费欲望的科学化手段；三是分期付款购物法的传播彻底打破了新教徒担心负债的传统顾虑。这种消费社会的价值观念是，"等到 20 世纪中叶，资本主义不是设法以工作或财产而是以物质占有的地位标志和鼓励享乐来证明自身的正确"[①]。

马尔库塞说，"人们似乎是为商品而生活。小轿车、高清晰度的传真装置、错层式家庭住宅以及厨房设备成了人们生活的灵魂"[②]。

鲍德里亚在《消费社会》中明确指出，"关于消费的一切意识形态都想让我们相信我们已经进入了一个新纪元"，"在这个社会中，浪费式消费已变成一种日常义务"。[③]

美国销售分析家维克特·勒博则宣称，"我们庞大而多产的经济……要求我们使消费成为我们的生活方式，要求我们把购买和使用货物变成宗教仪式，要求我们从中寻求我们的精神满足和自我满足……我们需要消费东西，用前所未有的速度去烧掉、穿坏、更换或扔掉"[④]。

随着制度性的保障、信用或信贷消费的出现，超前消费、及时行乐成为第二次世界大战以后西方社会大众消费时髦的生活方式，而广告在其中推波助澜，极大地刺激着人们的消费欲望，推动着所谓的"时尚"。时尚助长了纵欲和奢华的社会风气，因此，可以说资本主义价值

---

① 〔美〕丹尼尔·贝尔：《后工业社会的来临——对社会预测的一项探索》，王宏周等译，商务印书馆，1984。

② 〔美〕马尔库塞：《单向度的人》，刘继译，上海译文出版社，2006。

③ 〔法〕让·鲍德里亚：《消费社会》，刘成富、全志钢译，南京大学出版社，2000。

④ 转引自〔美〕艾伦·杜宁《多少算够——消费社会与地球的未来》，毕聿译，吉林人民出版社，1997。

观在"消费社会"阶段是享乐本位的。前述沿着王一川思路总结出的当代中国价值观体系中的"大众消费主义价值观",在历史相位上即为这种享乐本位的资本主义价值观。

但是,这种享乐本位的消费主义价值观引发了资本主义社会的一系列非常严重的问题。

美国学者丹尼尔·贝尔在《资本主义文化矛盾》一书中对此分析道,"美国资本主义已经失去了它传统的合法性,这一合法性原来建立在视工作为神圣事业的新教观念上,并依赖从中滋生出来的一种道德化报偿体系。现在,这一切已为鼓励人们讲求物质享受与奢侈的享乐主义所取代",这些因素"构成了西方所有资产阶级社会的历史性文化危机"①。在现实生活中,环境污染、资源吃紧、品质败坏、缺乏安全感等问题也相继出现。这一切似乎准确地验证了马克斯·韦伯在其名著《新教伦理与资本主义精神》中,早就为工具理性占支配地位的现代西方社会模式写下的"墓志铭":"社会上到处都充斥着没有精神的专家,没有信仰的声色沉迷之徒。"② 社会本身呈现出病态的、一切皆无情趣的现象。

面对危机,资本主义社会再一次显示出了较强的自我调节能力——美国学者罗纳德·英格尔哈特,通过实证分析1981年和1990年进行的"世界价值观调查"的问卷调查数据发现,"先进的工业社会发展的主导方向最近25年来所发生的显著变化,可以称为'后现代化'而不仅仅是'现代化'"③。他进而把这种显著变化概括成了五种趋势。

---

① 〔美〕丹尼尔·贝尔:《资本主义文化矛盾》,赵一凡等译,三联书店,1989。
② 〔德〕马克斯·韦伯:《新教伦理与资本主义精神》,李修建、张云江译,中国社会科学出版社,2009。
③ 〔美〕罗纳德·英格尔哈特:《变化中的价值观:经济发展与政治变迁》,《国际社会科学杂志》(中文版)1996年第3期。

①从短缺价值观向后现代或者说安全价值观转变。在个人层次上，最大限度地获得经济收入已非首要目标。对越来越多的人来说，更重要的是表达自我和渴望从事有意义的工作。人们工作的主导动机也在变化，从最大限度地获取经济收入变为越来越强调工作的性质。②科层权威的效能和可接受性日益减弱。每一种稳定的文化都与相应的权威体制相联系，但后现代变迁既疏远传统权威又疏远国家权威。它反映出对权威的强调日益减弱，无论是社会授权的权威还是按国家准则授权的权威。它使整个先进的工业社会从总体上对等级制度的信任下降。③拒绝以西方为范式，苏东的社会主义选择亦发生剧变。起初，后现代主义的不满主要集中在，发源于西方国家的那种科层化的、缺少人情味的现代性中的种种非人道方面。西方大部分著名的后现代主义者甚至自视为马克思主义者。但是，这种不满最终会不可避免地转而反对等级森严、同样科层化而高度集中的苏东社会主义世界的"大政府"，它们其实把这些东西推到了极端。④日益强调个人自由和感情经验，反对任何形式的权威。因为后物质主义者高度重视表达自我和参与政治，将这些视为十分珍贵的东西，所以后现代的发展阶段必然有助于民主化。但这种趋势并非一蹴而就或自动实现。强有力的专制精英集团几乎可以无限期地压制它，尽管这种压制以其臣民越来越士气低落并拒绝合作为代价。⑤科学、技术和理性逐渐丧失威信。现代化的核心成分之一，是人们越来越相信科学和理性的分析几乎能解决一切何题。而后现代变迁区别于现代化的最引人注目之处则在于，后现代主义越来越不相信理性，不相信科学技术足以帮助解决人类的问题。这种世界观的变化在经济和技术最先进的国家走得最

远。在这些国家，相信科学有助于进步的人急剧减少。[1]

是否当代资本主义价值观已超越了在"消费社会"阶段的享乐本位主义，而步入了以自由、民主为本位的时代？另外，如果说"生产社会"和"消费社会"阶段的资本主义价值观仍属于"物质主义价值观"的话，那么它正步入的阶段则应属于"后物质主义价值观"。

"在1981年和1990年对20个国家进行的"世界价值观调查"中获得了更广泛的资料，不过时间序列更短。其结果显示，在这9年时间里，这20个国家中的后物质主义者的比例在增加。"[2] 可见，一种资本主义的"后物质主义价值观"正在发达资本主义国家内部生成是不假，但这种价值观的内容，除了有自由、民主本位的积极一面外，在现实世界还有着另一副面孔。

英国前首相布莱尔的外交政策高级顾问罗伯特·库珀（Robert Cooper）首先从自由主义的立场出发，露骨地提出了一种"新型的帝国主义"，即"后现代的帝国主义"主张。他认为，后现代的"新帝国主义"应以双重标准对付旧式的现代国家，即"在我们中间，我们遵守法律，但在丛林中与人打交道时，我们也就必须遵守丛林法则"，并声称要使用武力、先发制人的攻击、欺骗和一切与这些仍然生活在19世纪的"自私国家"打交道的必要手段。同时，他提出以一种"防御性的帝国主义"对付前现代国家的非国家行为的恐怖主义，比如西方对付阿富汗的理论和实践。也就是说，在"在我们中间"，在资本主义民

---

[1] 〔美〕罗纳德·英格尔哈特：《变化中的价值观：经济发展与政治变迁》，《国际社会科学杂志》（中文版）1996年第3期。

[2] 〔美〕罗纳德·英格尔哈特：《变化中的价值观：经济发展与政治变迁》，《国际社会科学杂志》（中文版）1996年第3期。

族国家或国家集团内部，体现自由、民主的"法律"才有效，而对"旧式的现代国家"和"前现代国家"，即发达资本主义民族国家之外的国家，则"要使用武力、先发制人的攻击、欺骗"等手段。

美国《华盛顿邮报》评论主笔、专栏作家塞巴斯蒂安·马拉比（Sebastian Mallaby）在美国《外交事务》杂志 2002 年 3/4 月号上发表了《不得已的帝国主义者》一文，全面为这种双重标准的"新帝国主义论"进行辩解。他认为，一个新帝国主义时代已经来临，美国通过帝国主义的手段向某些社会贯彻民主和自由原则是其不得已的选择。[①]

法国左翼人士达尼埃尔·韦尔内指出，科索沃战争时期英国首相布莱尔所支持的以维护人权为基石的"新国际主义"，就是"后现代帝国主义"的早期形式。"9·11"事件之后，布什总统的自由帝国主义，就带有强烈的后现代主义色彩。后现代帝国主义"所追求的并不是传统意义上的土地占领——从本土派人到殖民国建立定居点，也不是自然资源的直接开采。在经济全球化的大背景下，已无须对外围进行直接的政治控制。这种帝国主义主要表现在意识形态领域，它所追求的是将民主作为一种最佳的政治制度加以推广"[②]。

美国密歇根大学亚洲语言文学系和比较文学系讲座教授刘禾，进一步揭露了"新帝国主义"的帝国主义实质。他认为，"人权大于主权"这种说法的流行很能说明问题，这种说法与新帝国主义利益结盟后，对新老帝国都非常有利，很符合帝国的逻辑，因为它可以以人权为名做任何事情，很方便地在道义的支持下去干涉别的国家和地区。[③]

---

① Sebastian Mallaby, The Reluctant Imperialist: Terrorism, Failed States, and the Case for American Empire. *Foreign Affairs*, 2002, 81 (2): 2 - 7.

② 〔法〕达尼埃尔·韦尔内：《后现代帝国主义》，原载于法国《世界报》2003 年 4 月 25 日，转引自《参考消息》2003 年 5 月 8 日。

③ 黄晓武：《帝国研究——刘禾访谈》，《国外理论动态》2003 年第 1 期。

　　伊斯蒂凡·梅扎洛斯则在《社会主义还是野蛮主义》一书中分析道，美国试图攫取全球控制权，这源自资本主义和帝国主义机制的内部。霸权帝国主义国家力图极端残暴地统治世界，对人类形成了威胁。

　　可见，在经济全球化，即生产社会化和资本主义所有制之间的矛盾全球化的今天，资本主义在"生产社会"和"消费社会"的物质主义阶段所显露出的民族国家内的阶级矛盾，在一定程度上已转化为发达资本主义民族国家和广大其他国家的矛盾。邓小平曾就此深刻地指出，"东西南北"问题，核心问题是南北问题，即发达国家和发展中国家这两类民族国家之间的矛盾问题。这一现状是全球有限的资源，与发达资本主义民族国家膨胀的享乐主义消费欲求之间矛盾发展的逻辑结果。美国发动的伊拉克战争即是这一现状的典型征候——以传播自由、民主价值观的"文化帝国主义"①之名，行以暴力夺取、控制石油资源的帝国主义之实。

　　所以，从价值观方面看，资本主义价值观继"生产社会"阶段的效率本位主义、"消费社会"阶段的享乐本位主义之后，现已发展到了"后物质主义"的第三个阶段，即在发达资本主义国家集团内以自由、民主为本位，对其他国家以推行自由、民主价值观之名，行掠夺、霸权本位之实。这是一种内容矛盾的双重价值观。

　　有学者指出，在经济全球化背景下，世界价值观认同目前已简化为资本主义"后物质主义"价值观的"强制认同"和"引诱认同"两种形式。②前者是西方发达资本主义国家凭借其经济、军事和科技方面的

---

　　①　"文化帝国主义"（Cultural Imperialism）作为批评话语，产生于 20 世纪 60 年代。当时，美国学者赫伯特·席勒（Herbrt Schiller）在研究了当代西方与第三世界之间文化交流问题后，提出了文化帝国主义论。

　　②　汪信砚：《全球化中的价值认同与价值观冲突》，《哲学研究》2002 年第 11 期。

优势，把非西方国家强行纳入其价值体系，然后利用自身的先发优势对其进行物质剥削，如对南联盟、阿富汗、伊拉克、利比亚采取的行动。后者则是以非强制方式，利用自由、民主本位价值观和享乐主义生活方式，将非西方国家的人们引诱入其体系，然后再利用自身的先发优势对其进行物质剥削，如对苏联、东欧国家采取的行动。中国显然是"引诱认同"行动的对象。人类消费主义的欲望对地球资源提出的要求越来越多，而有限资源对大众高额消费的不支持越来越从数据变为现实。也就是说，发达资本主义民族国家目前的享乐主义生活方式并不具备在全球普遍化的物质基础。所以，后发现代化民族国家在实施自由、民主价值观支持的西方式政治体制基础上，就能拥有西方目前的享乐主义生活方式，只不过是西方发达资本主义国家的"引诱"骗局。

面对这种"引诱"骗局，我们既要看到资本主义"后物质主义"价值观中自由、民主本位的积极的一面——这应是社会主义价值观建设的有益资源，又要洞悉资本主义"后物质主义"价值观侵略性、欺骗性的背后目的。虽然因为我国物质生产水平与发达资本主义国家相比仍差距较大等，继享乐本位的消费主义价值观之后，在发达资本主义国家开始生成"后物质主义"价值观对当代中国的影响尚未彰显，但我们必须对之有清醒的认识和足够的警惕。

（五）民俗传统价值观是和谐本位的

与资本主义价值观、社会主义价值观只有四五百年历史的理论和实践相比，当代中国社会还是已延绵四五千年的中华文明的"现在式"，所以，任何从价值观角度对当代中国现实的观察，都无法逾越作为历史潜流的民俗传统价值观。

贯穿中国文化发展始终的儒家、道家思想，都来源于先秦时期民间文化因子。

以孔子为创始人的儒学体系，是在小农自然经济和宗族社会结构的文化土壤中，借助对民间文化"原型"系统化、礼仪化的升华才得以生根、发芽的。它包含了原始民间文化人道、民主的遗风，追求社会存在与个体身心的均衡，是伦理本位、以礼治邦政治理想的典型。[①] 然而，自汉代以后，"精英"阶层为迎合统治阶级的需要，不断强化儒学的等级观念，使纲常伦理、王道政治极端发展，直至宋明时期步入了"存天理、去人欲"的文化发展绝路。这一极端化的思想反作用于民间文化，一方面使之在道德伦理和礼仪教化中，有强制性宗教禁欲主义的封建法典色彩；另一方面，却促进了民间文化相对于统治阶级和精英文化的内部调节机制，使之更有宽容性，从而也更具独立的对于文化发展的积极意义。

同样，道家及道教思想也孕育于民间文化，具有民间的巫文化本色，杂糅了阴阳、五行等民间传统信仰。[②] 在与儒家思想的明暗交替过程中，它经历了秦汉时期的道教潜流，魏晋时期的士大夫玄学，隋唐时代上下并举的道教热潮及宋元明时代的世俗化信仰等发展历程。由于封建儒学在文化发展主题上的极端化，使得民间文化更加倾向于吸收道家思想的文化意识和积极因素，进而又形成了散漫的泛神观和功利主义的信仰习俗。

基于这一历史线索，许多学者在文化层面对中国民俗传统价值观进行了总结。

费孝通先生于 1947 年提出了"差序格局"的概念，被认为是对传

---

① 李泽厚：《中国古代思想史论》，《李泽厚十年集》（第三卷·上），安徽文艺出版社，1994。

② 葛兆光：《道教与中国文化》，上海人民出版社，1987。

统中国人价值观的深刻阐述。这一概念在学界影响深远。他认为，中国人是以"己"为中心，就像把一粒石子投入水中水面出现的波纹一样，最中心的是自己，然后"一圈圈推出去，愈推愈远，也愈推愈薄"，"在差序格局中，社会关系是逐渐从一个一个人推出去的，是私人联系的增加，社会范围是一根根私人联系所构成的网络"①。

杨国枢曾用社会取向来描述中国人的行为特色，"一种具有以下典型的行为倾向：社会服从，用非侵犯性的策略，向社会期望低头，担心别人的意见。采取这种策略的目的是要达到以下一个或几个目标：求取报偿、维系协和、印象整饰、保护面子、为社会所接受，或避免在社会情境中被惩罚、被窘逼、冲突、被拒绝、被嘲笑及被报复"。他认为中国人是比较典型的社会取向，这种取向具体表现为家族取向、关系取向、权威取向及他人取向四个次级。②

许烺光从人一生中以何者为依赖对象的角度，概括了人类生活的三种处世态度，即个人中心、情境中心和超自然中心，并认为这三种处世态度的典型代表分别为美国、中国和印度。个人中心的处世态度是指由于没有永久的家庭与宗族基础，个人的基本生活和环境取向是自我依赖。情境中心的处世态度，以拥有一种持续性的家庭和宗族纽带为特征。在持这种价值观的人类集团中，每个人都生活在一张互相依赖的网络中，他之依赖别人正如别人依赖他。超自然中心的处世态度，是一种片面依赖，持此种价值观的人会努力寻求与最高主宰及其显现物的密切联系，认为人之差别除了来世再生之外，不再有任何改变的可能性，并

---

① 费孝通：《乡土中国 生育制度》，北京大学出版社，1998。
② 转引自《中国人真是"集体主义"的吗？——试论中国文化的价值体系》，杨国枢编《中国人的价值观——社会科学观点》，桂冠图书股份有限公司，1994。

将一切世俗的存在视为短暂的幻觉。①

　　台湾大学心理学教授黄光国在对中国民俗传统价值观进行总结时，提出了人情与面子模式。他认为，西方人的社会是一种比较典型的工具性关系，做事喜欢讲究公平，而中国人的社会是一种情感性关系，或接近情感性关系的混合型关系，所以倾向于遵守需求法则和人情法则。

　　豪福斯塔德（Hofstede）、许志超等曾在 20 世纪 80 年代，用一个包括五个维度的量表来测量全世界 40 多个国家的人员。其中一个重要的维度就是"个人主义－集体主义"。结果在以中国人为主的社会中，台湾地区受试者在集体主义上的得分最高，新加坡次之，香港再次之。但这三个地方受试者的分数均远超过日本（大约居中），而美、英及澳大利亚则聚在"个人主义"一端。

　　这样，许烺光、黄光国、豪福斯塔德（Hofstede）、许志超等就在一种比较研究氛围中，对中国民俗传统价值观进行了定位。

　　与上述总结思路不同的是翟学伟，他认为，研究中国人的价值观应从中国历史的脉络中去实际地寻找。他根据中国社会历史发生与发展走过的上古（从有文字记录的殷商时代一直持续到春秋时代）、中古（从春秋时代到 1840 年的鸦片战争）、近代（从鸦片战争到 1949 年中国革命的胜利）、现代（从 1949 年到 1978 年中共十一届三中全会结束）和改革开放时期（从 1978 年改革开放政策实行至今），将中国社会的价值取向相应地分为宗教意识取向、伦理取向、文化取向、政治取向、经济取向。他认为中国人在价值取向上客观地经历过这些类型上的转变。

　　这种立足于时代发展和社会变迁的历时性分类，以及上述自费孝通

---

① 〔美〕许烺光：《宗族·种姓·俱乐部》，薛刚译，华夏出版社，1990。

先生①以来的归纳性总结，其共通之处在哪里呢？

笔者认为，曹德本"中国传统文化的核心是和谐"②的观点是深刻的，因为无论是以"己"为中心的私人联系网络，家族、关系、权威和他人取向，情境中心的处世态度，需求法则和人情法则，集体主义，还是宗教意识取向、伦理取向中的儒道合流，文化取向、政治取向、经济取向中的和中国实际相结合，讲求和谐是一以贯之的线索，也就是说，站在当代视角，把中国民俗传统价值观总结为和谐本位，应该是较为合理的。

（六）知识分子价值观是超越性批判本位的

在中国传统文化中，与"民俗传统"相区别的，是"士大夫传统"，其突出特点是"修身齐家治国平天下"和"穷则独善其身，达则兼济天下"。但在科举制度下，仕学合一的生存状态致使读书人在精神上对朝廷及其所宣扬的"道统"有极强的趋附性。"穷"则为民，按"道统"独善其身，"达"则为官，依"道统"为皇帝服务，基本上没有自己独立而鲜明的政治文化诉求。只有在1905年科举制度废除后，大部分读书人在社会、政治、文化等方面的命运和功能急剧改变，开始成为一个自由浮动的阶层，现代意义上的知识分子文化和价值观才逐渐形成，并通过戊戌变法、立宪运动、辛亥革命和五四运动等社会运动发展起来。

源于西方的"知识分子"（intelligentsia）一词，最早现于波兰文，后又传到俄国，在法国1894年发生了著名的德雷福斯事件后，而逐渐

---

① 除费孝通的著述外，梁漱溟的《中国文化要义》、辜鸿铭的《中国人的精神》、孙隆基的《中国文化的深层结构》等也较早论及了中国文化价值观。

② 曹德本：《和谐文化模式论》，《清华大学学报》（哲学社会科学版）2000年第3期。

被社会广泛使用。对于"知识分子"的研究，在西方一直是"显学"，许多著名的学者对此问题发表过看法。

葛兰西把在社会中起知识分子作用的人分为两类：第一类是传统知识分子，例如教师，这类人代代从事相同的工作；第二类是有机知识分子，他们与阶级或企业直接相关，"资本主义的企业主在创造自己的同时，也创造出了工业技术人员、政治经济专家、新文化的组织者、新法律系统的组织者等等"①。与传统知识分子年复一年地从事同样的工作相比，有机知识分子则一直在行动，在发展壮大。在葛兰西的视域里，知识分子是由"传统"和"有机"两类构成的庞大群体。但班达则认为，知识分子是一小群才智出众、道德高超的哲学家——国王，他们构成人类的良心。②

从葛兰西和班达似乎对立的描述中，我们发现其实"知识分子"概念有生活型（如葛兰西所述）和理想型（如班达所述）之分，而对"知识分子"类特性的总结，一般呈现出一种取二者公约数的态势，例如，席尔斯（Edward Shils）认为知识分子的基本特征是"对神圣的不凡敏感，对世界本质和社会规律的不凡反思"。③ 科塞（Lewis Coser）称知识分子是"那些对无所依附的批判的思想有着特殊兴趣的人"，而且，"一定程度异化的似乎是知识分子永久的命运；他永远做不到'和别人一样'。批判精神和不受束缚永远是他的标志，因此他总是在一个社会中但又不属于这个社会。一定程度的疏离正是知识分子角色的先决

---

① 〔美〕萨义德：《知识分子论》，单德兴译，三联书店，2002。
② 〔美〕萨义德：《知识分子论》，单德兴译，三联书店，2002。
③ Edward Shils, *The Intellectuals and the Powers*, Chicago and London: The University of Chicago Press, 1972, p. 3.

条件"①。布尔迪厄则说，占有文化资本的"知识分子"和"艺术家"是统治阶级中的"被统治部分"②。萨义德指出，"知识分子的公共角色是局外人、'业余者'、搅扰现状的人"③。综合起来看，在批判和超越批判对象这两点上，大家的概括基本上是一致的，所以，知识分子价值观大致可以概括为超越性批判本位。

用这一本位价值来衡量中国知识分子，我们发现只有在"五四"期间和20世纪80年代中后期两个短暂时期，中国知识分子才有作为整体的较典型的出场和表演，在20世纪大部分时间内，知识分子则经历了"五四"后分化，解放战争期间分化，1949年以后批判《武训传》、反胡风、批判胡适、反右等运动，1958年中共八大二次会议上被整体划入了剥削阶级的范围，"文革"时被打成了"牛鬼蛇神""反动学术权威"等一系列分化和"改造"，好不容易经历了20世纪80年代中后期一个短暂的"辉煌"期，但很快又在国家主导文化和消费性大众文化的冲击下被迅速边缘化了。当然，这一回的"边缘化"在某种程度上是中国近代以来的知识分子第一次与世界"接轨"，因为在资本主义的大众消费主义价值观面前，中国知识分子和世界大多数知识分子开始有了共同的"现在时态"的批判实践。

但是，这种共同性只是相对的，如前所述，在经济全球化的今天，发达资本主义民族国家内的阶级矛盾，在一定程度上已经转化为发达国家与发展中国家之间的矛盾，以此为基础，发达资本主义民族国家的主导价值观，已发展到了对内自由、民主本位和对外掠夺、霸权本位的所

---

① 〔美〕刘易斯·科塞：《理念人——一项社会学的考察》，郭方等译，中央编译出版社，2001。

② Pierre Bourdieu, *Distinction: A Social Critique of the Judgement of Taste*, Translated by Richard Nice, London, Melbourne and Henley: Routledge & Kegan Paul, 1984, p. 176.

③ 〔美〕萨义德：《知识分子论》，单德兴译，三联书店，2002。

谓"后物质主义"新阶段。而且，古德纳（Alvin W. Gouldner）指出，在晚期资本主义社会阶段，"文化资本"将取代"货币资本"成为社会统治的基础，而作为"文化资本"之占有者的知识分子，也将取代原有的资产阶级而成为新的统治阶级。[①] 正如齐格蒙·鲍曼所描述的，"'教授们'和他们的雇主——国家的互相满足的合作舞台就布置好了。他们彼此需要对方，没有知识的权力无疑是没有头脑的；而没有权力的知识则是无力的"[②]。所以，相对于发达资本主义国家知识分子的性质转化及其对"双重价值观"的"内部"批判任务来说，作为发展中国家的中国的知识分子，则不仅要对资本主义的"后物质主义"双重价值观进行"外部"批判，还要对国家主导、资本主义大众消费、民俗传统等价值观进行"内部"批判。可见，在超越性批判本位价值观的指引下，中国知识分子必须"内外兼修"，基于自己面临的特殊情势，建立自己的批判话语。当然，对与中国有类似处境的别国来说，这种话语也完全可能具有某种"世界性"。

第二节　跨媒体分布规律：从公益广告、商业广告观察

（一）跨媒体考察：以广告文本为标本

文化及其文本是离不开媒介的，但在大众文化研究突破法兰克福学派的理论框架以前，"一般人认为媒介仅仅是形式，仅是信息、知识、

---

① 〔美〕艾尔文·古德纳：《知识分子的未来和新阶级的兴起》，顾晓辉、蔡嵘译，江苏人民出版社，2006。
② 〔英〕齐格蒙·鲍曼：《生活在碎片之中——论后现代道德》，郁建兴等译，学林出版社，2002。

内容的载体，它是空洞的、消极的、静态的"①。

本雅明较早看到了技术因素对文化的质性影响，他在《机械复制时代的艺术作品》一文中指出，"在机械复制时代，对艺术进行分析就必须公正地看待这些关系，因为它们带给我们一种极为重要的洞见。在世界历史上，机械复制首次把艺术作品从对仪式的寄生性依赖中解放出来。在大得多的程度上，被复制的艺术作品变成可复制性而设计出来的艺术作品。比方说，我们可以用一张底片印出任意数量相片，而问哪张是'真品'则是毫无意义的事情"②。

真正明确指出媒介对文化起决定作用的学者，是加拿大的麦克卢汉——"马歇尔·麦克卢汉最为人知的是这样一个发人深思的观点：媒介最重要的方面，并不是植根于文化内容有关的各种问题，而是在于传播的技术媒介。麦克卢汉声言，媒介就是信息。"③

斯图亚特·霍尔进一步探究了媒介对文化起决定作用的内部机制，指出通过编码所建构的信息是开放的和多义的，意义的最终产生和流通有待于受众的解码，即使用，因此，受众是文本意义生成必不可少的关键环节。如本文前述，他曾经典性地提出了受众的三种解码立场：一是主导—霸权立场，受众与传播者立场完全一致，意义根据编码者的设想而生产出来。二是协调的符码或者立场，受众一方面承认意识形态的支配权威，另一方面又保留自己的独特意见。三是对抗的符码，受众了解传播者的意图，但坚持自己的立场，以一种与文本愿望格格不入的方式

---

① 〔加〕马歇尔·麦克卢汉：《理解媒介——论人的延伸》，何道宽译，商务印书馆，2000。
② 〔德〕瓦尔特·本雅明：《机械复制时代的艺术作品》，胡惠林、单世联主编《文化产业研究读本（西方卷）》，上海人民出版社，2011。
③ 〔英〕尼克·史蒂文森：《认识媒介文化——社会理论与大众传播》，王文斌译，商务印书馆，2001。

进行解读。① 可见，在这里，媒介的意义就是文化及其文本的意义，媒介已经同构为文化本身。

正是在这种意义上，芬兰坦佩雷大学信息社会协会研究主管安蒂·卡斯维奥总结道，"要明显区分现实和被传媒宣传设计和不断强调出来的想象，却变得极其困难。在这个层面上，我们可以把现代信息社会理解为传媒社会"②。

当代中国大众文化与大众媒介互为表里的发生、发展情形，确为大众文化即大众媒介文化、大众文本即大众媒介文本的推理，提供了强有力的支持——20 世纪 80 年代初，录音机、电视机进入中国城市家庭，与以邓丽君的歌为代表的港台软性抒情歌曲及《上海滩》《霍元甲》《加里森敢死队》等电视剧的"登陆"，是一种同构关系；20 世纪 90 年代，各种市民情节剧、惊险动作片、通俗轻喜剧、青春言情片等在数量上成为中国影视文化的主体，与 VCD/DVD 影碟机在城市家庭的普及互为因果；20 世纪 90 年代中后期至今，如果没有互联网依托电话系统对中国城市家庭的迅速"植入"，网络文化的燎原之势也是不可想象的。所以，当我们考察当代中国大众文本价值观征候的时候，以大众媒体文本特征所显示的价值观征候为标本，在方向上应该说是准确的。

无论是报刊、电视、广播等传统媒体，还是网络、手机等新媒体，进入"大众媒体"范畴的一个标志性指标，是其以广告收入为主要赢利源。可以毫不夸张地说，广告是当代中国大众文本的生存基础——以中国收入最高的中央电视台和收入最高的《广州日报》为例，"2001 年

---

① 〔英〕斯图亚特·霍尔：《编码，解码》，胡惠林、单世联主编《文化产业研究读本（西方卷）》，上海人民出版社，2011。

② 〔芬〕安蒂·卡斯维奥：《传媒和文化产业》，林拓、李惠斌、薛晓源主编《世界文化产业发展前沿报告（2003－2004）》，社会科学文献出版社，2004。

中央电视台广告投放额是 71 亿元，收入达 56.5 亿元"①，可见其收入基本上全靠广告；2003 年《广州日报》的收入"已经超过 12 亿元，74% 是广告，26% 是发行，这就是说，卖报纸是亏损的，主要是广告收入，收入随着广告增长"②。

而对于广告和文化价值观的关系，克里斯多夫·拉斯奇曾这样描述，"广告作为服务于社会现状的仆从，把自己同从 20 世纪早期一直到今天的价值观上的激烈变化以及'生活方式及道德观方面发生的一场革命'联系了起来"③。美国广告评论家帕克德则在《隐藏的说服者》中指出，"我们中有许多人在日常生活的方式上，正不知不觉地受广告的影响，并受它巧妙地操纵与控制。"④ 经济史学家戴维·波特曾把广告比作学校和教堂，"论社会影响，广告可以同由来已久的机构（如学校和教堂）相比。它统治了媒介，对大众标准的形式有巨大的影响，它是很有限的几个起社会控制作用的机构中货真价实的一个"⑤。

所以，广告文本是最典型的跨媒体的当代中国大众文本之一，对其价值观征候的考察，无疑对横向（跨媒体）考察很有典型意义。

（二）公益广告类意识形态化内容的分布规律

作为非营利性广告的一种重要形式，公益广告在当代中国的出现要晚于商品广告——最早出现于大众媒体上的一条公益广告，是贵州

---

① 吴东：《2002 年全国电视广告投放与媒介竞争情况》，《市场观察》2003 年第 6 期。
② 向勇主编《北大文化产业前沿报告》，群言出版社，2004。
③ 〔美〕克里斯多夫·拉斯奇：《自恋主义文化》，陈红雯、吕明译，上海文化出版社，1988。
④ 转引自姚曦编著《广告概论》，武汉大学出版社，2002。
⑤ 转引自〔美〕梅尔文·德弗勒、埃弗雷特·丹尼斯《大众传播通论》，颜建军等译，华夏出版社，1989。

电视台 1986 年登的一条号召节约用水的广告。① 从价值观的角度看，该广告具有显著的社会主义功利价值观的特征，同时也含有讲求和谐——人与自然和谐相处的民俗传统价值观因素。此后，中央电视台的《广而告之》栏目开始经常播出公益广告，其最初的目的是"倡文明之风"。早期的公益广告虽有题材狭窄、制作简单粗糙之弊，但在价值观方面，社会主义功利本位的国家主导价值观与和谐本位的民俗传统价值观相结合的特点是较为明显的，例如，由一些直陈主题的简单画面，配以"为了您和他人的幸福，请注意交通安全""爱护绿地，违者罚款""保护环境，造福子孙"等画外音的电视广告，即是初期公益广告的常态。

从 1996 年起，公益广告开始以系列主题的形式，作为国家公共政策的一环出场。1996 年的公益广告以"中华好风尚"为主题，在全国各地电台、电视台、报刊上频频出现。1997 年，公益广告以"自强创辉煌"为主题。1998 年是公益广告社会影响力飙升的一年。一方面，是我国南方遭遇了特大洪涝灾害，各种大众媒体的以"抗洪救灾"为主题的公益广告的播放力度骤然加大，公益广告在动员群众、增强民族在灾害面前的凝聚力方面，发挥了重要作用。另一方面，从 1998 年起，国有企业职工下岗再就业等社会敏感问题开始表面化，城市社会的一个重要阶层的利益与国家利益之间出现了某种紧张。在这个时刻，公益广告以更艺术的手法、更精良的制作，推出了一系列作品，在下岗者和国家之间架起了一座理解的桥梁，对社会稳定作出了贡献。例如，长城国际广告有限公司创意的《真正的男子汉》，从下岗者中提取最具代表性的一个人——"我的父亲"，通过一个个历史镜头来颂扬一种精神、一

---

① 邵文文：《公益广告中社会价值观的多元化表现》，《山东行政学院山东省经济管理干部学院学报》2004 年第 3 期。

种价值、一种人生态度，力图让每一个下岗者体会到自身的价值。围绕下岗职工再就业这一题材，还出现了《李淑芬》《支持就是力量》等一批在真人真事的基础上制作而成，放下说教面孔，因而感染力较强的作品。

而无论是"中华好风尚""自强创辉煌""抗洪救灾"，还是"下岗职工再就业"，在价值观方面，这一阶段公益广告的社会主义功利本位国家主导价值观与和谐本位民俗传统价值观相结合的特点，仍没有什么变化。

变化出现在1999年。米米·怀特早就曾预言式地指出，"主导性意识形态的利益也许会构成这个标准参考性框架，而且最后胜出。但在这个过程中，我们会遇到种种不同的问题、思想和价值，而这些都不可能轻易包含在'占统治地位的意识形态'的标题下面，因为'占统治地位的意识形态'本身在构成上也是矛盾重重"①。

这一年，由导演张艺谋执导的"知识改变命运"系列公益广告播出。"知识改变命运"共40条，每条1分钟，以人物为主体，用纪实手法讲述一个个人物的命运。人物以普通百姓为主，涉及各行各业，有科学家、教师、工人、农民、学生、运动员、艺术家等，他们以自身的经历，讲述"知识改变命运"这个共同的主题。该系列广告引起了很大反响。

而与"知识改变命运"的主题针锋相对，另一位著名导演陈凯歌执导的公益广告片《橘子》，则通过一个西北农村女孩子的故事，以"教育不仅仅为了知识，爱才是果实"为广告主题词，对"知识改变命运"这样的传统教育主题进行了超越性质疑。陈凯歌认为，中国教育

① 〔美〕米米·怀特：《意识形态研究方法与电视》，〔美〕罗伯特·艾伦编《重组话语频道：电视与当代批评理论》，牟岭译，北京大学出版社，2008。

长期存在一种实用主义倾向，"知识改变命运"就是一种当前被普遍理解并接受的教育价值观，而当"知识改变命运"被漂亮的影像包装传播时，人们是否想过，按知识把穷人变成富人的表象去理解，这句话体现了一种实用主义的狭隘性。陈凯歌接着解释说，他的《橘子》是一种"审视和提示"，用以提倡一种爱的教育，一种广义的、不急功近利的教育。两个广告引发的这种论争和超越性的批评，恰是以超越性批判为本位的知识分子价值观开始介入公益广告的典型征候。

2000 年以后，公益广告的制作越来越精致，出现了一些反响较大的作品，如《将爱心传递下去》——妈妈给儿子洗完脚以后，让儿子等一会儿，等得不耐烦的儿子在门缝里发现原来妈妈在给奶奶洗脚，当妈妈转身回到自己的房间时，发现幼小的儿子正笨拙地端来一盆水，他也要给自己的妈妈洗脚。作品用充满童趣的画面表现了尊老爱幼，重视家庭和睦的主题。又如《我是一只小小鸟》——在美丽的大森林里，小鸟们在无忧无虑地歌唱，它们一起嬉戏，一起觅食，一起游戏，那快乐的情形令人羡慕。然而，好景不长，突然一个大箩筐从天而降，一只可爱的小鸟被罩住了。被罩住的小鸟流着眼泪大叫"救命"，可鸟妈妈却无能为力，更为残酷的是，在广告片的最后鸟妈妈也不幸被暗枪击中了。这则广告从孩子的视角出发，没有枯燥的说教，却让人反思如何从自己做起，与自然和谐相处的问题。

2001 年，首届网络公益广告活动登场，内容涉及戒烟戒酒、防火防盗、保护环境、珍惜资源、尊老爱幼、爱国爱民、崇尚科学、讲究文明等，成为了公益广告在新兴大众媒体上登场的重要标志，也产生了较好的社会影响。2003 年，面对突如其来的"非典"疫情，中央电视台将公益广告当作宣传和战胜"非典"的一个特别战场，播出了韩红演唱的抗击"非典"MTV《生命不言败》。这是中央电视台制作的 20 部抗击"非典"公益广告中的一部，引起了电视观众的高度关注和强烈共鸣。

从文化价值观的角度看，以社会主义功利本位国家主导价值观和谐本位民俗传统价值观相结合为绝对主流，超越性批判本位的知识分子价值观时而零星点缀的态势，一直在公益广告类意识形态化内容中延续到现在。

（三）商业广告类市场化内容的分布规律

1979 年我国大陆广告恢复后的初期，一般商业广告都侧重于商品自身功能、特性的介绍，例如，"西铁城领导钟表新潮流，石英技术誉满全球"（1979 年），梅花表的广告语是"先进石英科技，准确分秒不差"（1980 年），某珍珠霜的广告语是"国内首创，驰名中外"（20 世纪 80 年代初），黄山电视机的广告语是"黄山电视，一代画王"（20 世纪 80 年代初）。从传播观念上看，这类广告采取的是典型的产品中心策略，直白地以促销产品为目标。从所显现的价值观来讲，与资本主义发展初期的效率本位价值观相吻合。

琪（Tse）、戴维·凯（David K.）、鲁塞尔·贝克（Russel Belk）、周南（Zhou Nan）等人的研究发现，1979~1985 年，中国内地的广告注重实用性价值——技术、产品质量、质量保证等。[①] 卢玛珀雷斯（Ramaprasad）等人的研究则表明，为了迎合中国消费者谨慎的购买方式，直到 1990 年，中国中央电视台的大多数（59%）广告，还在使用

---

① Tse, David K. , Russel W. Belk and Zhou Nan, Becoming a Consumer Society: A Longitudinal and Cross - Cultural Content Analysis of Print Ads from Hong Kong, the People's Republic of China, and Taiwan, *Journal of Consumer Research*, 1989, 15 (4): 72 - 457.

实用性价值策略。①

　　而陈宏（Chen Hong）在对 1982 年和 1992 年中国内地的 572 个杂志广告内容进行分析后，指出此间广告文本实用性价值的减少和象征性、诉诸情感的价值的增加，与广告产品的种类变化有很大的关系。1992 年"工业产品"和"家用设备"广告的显著下降，表明含有质量价值的广告正在减少，而"化妆品和时装""食品和饮料""药品"和"服务"广告的显著增加，则意味着象征性价值的频繁使用。②

　　一般商业广告文本这种由产品中心策略向生活方式中心策略的转变，在广告内容上体现为原来实体的"物"（产品）向虚化的"符号"（形象）转化。具体地看，这种转化体现为一般商业广告内容的"身体/性化"和"民俗/民族化"。

　　"身体/性化"因广告的目标客户的不同而有所差异。在针对青少年的广告中，一般方式是用充满青春气息的男女形象，配以有春心初萌意味的解说词。例如，"明天的明天的明天，你还会送我水晶之恋果冻吗？""她喜欢向左走，他喜欢向右走。她喜欢黄的，他喜欢白的。各有各的味，天生是一对。娃哈哈矿泉水。"在针对成年人的一般商品广告中，形象和语言则往往直接诉诸"性"。例如，郎酒广告——新婚之夜，新郎拥着新娘进洞房，新郎急不可耐，新娘柔声细语，"郎啊郎，别太忙！"意味深长；再如，减肥商品曲美的广告——一个有曲美身材的女性千娇百媚地回眸一笑，还向观众伸出食指做了一个"来"的动作，另一镜头则显示一个轮廓化的女人，恰如"女"字的来源。此外，

---

① Ramaprasad Jyotika, Wu Lei and Gao Dandan, A Conceptual Framework for Understanding the Content of Advertising – Its Application to the Specific Case of Chinese Television Commercials, *Asian Journal of Communication*, 1995, 5 (1): 88–109.

② Chen Hong, Reflections of Cultural Values: A Content Analysis of Chinese Magazine Advertisements from 1982 and 1992, *International Journal of Advertising*, 1994, 13 (2): 83–167.

天堂伞广告显示了青春靓丽的女孩，向具有女性性器官象征意味的花瓣中仰面躺倒的画面。清嘴含片的广告语是："你想知道亲嘴的味道吗？想！我说的是清嘴含片。"雕牌洗衣粉的广告则是："泡了吗？泡了。漂了吗？漂了。雕牌洗衣粉。"

将"身体"置于消费文化语境之中，导致"从文身、项链到染发、卷发以及高跟鞋的使用，女人和男人都一直在努力生产'不同的'身体"①，于是，"身体作为消费主义建构而成的一种物品，又成为女性文化中的一个重要因素，被改变，被出售"②。伊格尔顿在《身体工作》一文中分析此现象时指出，"性感现在成了所有拜物教的最大崇拜物……没有比性更性感的东西了"，"身体既是激进政治重要的深化过程的焦点，也是激进政治的一种绝望的移置"③。

在笛卡儿那里，"身体"是"思"的本体；梅洛·庞蒂在《知觉现象学》中说，与对象一体化的"自我—身体"具有神秘性。在海德格尔看来，身体是"诗性"的存在；马克思关于身体的论断，可以被归结为，以私有制积极扬弃为前提的审美性"感觉的解放"与非异化劳动之身体的解放的一致性。④ 车尔尼雪夫斯基在《生活与美学》中，以大量材料翔实地论证农民由于劳动与从来不劳动的贵妇人在身体上的美学差异，以及由这种实际差异导致的美的观念上的差异。⑤ 这与维布伦在《有闲阶级论：关于体制的经济学研究》一书中的论述不谋而

① 〔英〕伊丽莎白·威尔逊：《时尚和后现代身体》，罗钢、王中忱主编《消费文化读本》，中国社会科学出版社，2003。
② 〔美〕希拉里·拉德纳：《在运动中：20 世纪 60 年代的时装摄影与单身女郎》，罗钢、王中忱主编《消费文化读本》，中国社会科学出版社，2003。
③ 〔英〕特里·伊格尔顿：《历史中的政治、哲学、爱欲》，马海良译，中国社会科学出版社，1999。
④ 毛崇杰：《20 世纪中下叶的马克思主义美学思想》（马克思主义美学思想史：第三卷），中央编译出版社，1999。
⑤ 〔俄〕车尔尼雪夫斯基：《生活与美学》，周扬译，人民文学出版社，1959。

合——他指出，"一些民族把过度享乐招致的体弱多病看成男子气概的特征。甚至，由此产生的某些生理病症的名称还进入了日常语言，成为'高贵''文雅'的同义词"①。福柯解析了性与权力的关系，"我主要也着眼于坐定权力的各种形式……把握住使它能得以接近几乎没有蛛丝马迹可寻的欲望形式的门径，弄清它如何渗透并控制着日常的快感"②。这就将性关系重新与马克思所言及的自由和解放这一终极关怀主题联系了起来。而舒斯特曼在吸收了福柯与布尔迪厄的观点后将"外观身体学"总结为，"这是一种主要建立在将身体从精神中分离出来的基础上的文化，一种在经济上受到身体形象市场助长的挥霍的资本主义所驱使的文化"③。

很明显，这种消费主义文化表达了享乐本位的资本主义价值观，它是效率本位的资本主义价值观在社会生产力发展基础上新的拓展形式；相对于资本主义"后物质主义"价值观来说，属"物质主义"价值观的高级阶段；从发展趋势上看，具有向"后物质主义"价值观的过渡性。

"身体与观看构成既是生存论的又是认识论的关联"④，但身体对于促成观看，仅仅是重要的因素之一。一般来说，广告对于消费者欲望的诱发是在三个层次上展开的，一是消费者消费欲望的层次，以产品为中心的广告基本上是在这个层次上展开的。二是消费者自然欲望的层次，以"身体/性化"为特征的生活方式中心广告，则基本是在这个层次上

---

① 〔美〕索尔斯坦·维布伦：《夸示性消费》，罗钢、王中忱主编《消费文化读本》，中国社会科学出版社，2003。
② 〔法〕米歇尔·福柯：《性史》，张廷琛等译，上海科学技术文献出版社，1989。
③ 〔美〕理查德·舒斯特曼：《实用主义美学——生活之美，艺术之思》，彭锋译，商务印书馆，2002。
④ 刘小枫：《现代性社会理论绪论——现代性与现代中国》，牛津大学出版社（中国）有限公司，1986。

展开。三是消费者群体欲望的层次，以集体无意识为基础的"民俗/民族化"特征的生活方式中心广告，则是在这个层次上展开的。

在实际广告案例中，这三个层次的诱发往往交织在一起。例如，豪门内衣广告，是男模和女模相对而坐卧成倒"8"字形，这使人不由得联想起中国民间流传的象征男女追逐交配的"双鱼追尾"图案和太极阴阳图形。"双鱼追尾"图和太极阴阳图所含的男女交合的意蕴，是了解或生活在中华文化中的人才能体味的，所以，这个广告就既有"民俗/民族化"特征，又有"身体/性化"特征。

可口可乐在中国市场广告策略的发展变化，相当典型地体现了广告的民俗化转向特征。可口可乐进入中国市场的历史可以追溯到 20 世纪 20 年代。1927 年，可口可乐在上海落户，随后在天津、青岛相继建立了瓶装厂。新中国成立后，由于中美间的特殊关系，其发展受到影响。中美建交后，可口可乐重返中国，最初其广告是以典型的美国风格和个性来打动中国消费者。1998 年以前，其广告宣传基本上是采用美国电视广告版本加上汉语配音。但从 1999 年开始，可口可乐根据中国的风土人情，对其广告策略进行了调整，中国的当红明星、传统图腾与吉祥物开始出现在其广告中。1999 年的"风车篇"，2000 年的"舞龙篇"，2001 年的"泥娃娃阿福篇"等贺岁广告片，逐步完成了可口可乐塑造良好的中国公民形象的民俗化本土改造。

而一些国内企业，往往会在广告中擎起民族化的大旗。如海尔在中国家电工业走向成熟的时候，果断地打出"海尔，中国造"的旗号。此外，诸如"长城永不倒，国货当自强""长虹彩电，以民族工业为己任""非常可乐，中国人自己的可乐"等广告语也以唤起国人的爱国热情为手段，较好地树立了自己的品牌形象。

当然，直接诉诸和谐本位民俗传统价值观的广告也不断出现，如

"孔府家酒，叫人想家""喝金六福酒，运气就是那么好""爷爷，等我长大了，我一定给您买露露喝"以及"金同血压安"广告——女儿在回家探亲途中的车上，回忆起幼年时贫穷而慈祥的父亲如何疼爱自己的生活场景，现在女儿长大了，有了出息，回家探望慈爱的老父亲，捎回了父亲最需要的"金同血压安"……

罗兰·巴特的神话观，为我们分析上述广告的价值观运作提供一种思路。他认为，神话原指关于神或神化的古代英雄故事，或泛指不真实的事物。但神话既是一种"讲述"，又是一种讲述的方式，还是一种思考事物的方式，即对事物进行概念化、理念化的方式。神话或神话化的过程，就是以符号系统为表达形式，在此基础上，利用其大部分内容，通过"掠夺""歪曲"与"无限扩张"，将其转化为所需要的内容。"不管神话是否是古代的，它只能有一个历史基础，因为神话是一种由历史选定的言语。它不可能从'事物本性'中逐渐产生。"① 而无论是跨国企业广告的影像民俗化，还是国内新兴企业广告的品牌民族化以及民俗传统价值观的直接表达，都是借助于广告符码的神话——民俗影像、民族自豪感、民俗传统价值观与其产品之间有"自然"的联系。在这一建立联系的过程中，通过简化和截取，对之进行不为人注意的扭曲和变形，以"单表一枝"（消费商品）的方式，一笔勾销了其余的所有因素和问题。所以，民俗传统价值观在这些生活方式中心广告中，其实是作为手段而存在的，只是象征性地闪烁其间。

叙述至此，有必要对我国商业广告的另一个重要发展趋势——所谓"Me 广告"予以关注。Me 广告是我国 20 世纪 90 年代后期出现的广告现象，它在推销商品的同时，表面上在张扬一种自由、自我、民主的价

---

① 〔法〕罗兰·巴尔特：《符号学原理》，李幼蒸译，三联书店，1988。

值观。率先推出 Me 广告的是可口可乐、雪碧、佳得乐等国外品牌，后来也渐渐为一些国内品牌所效仿。例如，"0%的限制"（可口可乐）。雪碧"Party 篇"：一个青年男子赴 Party 前精心打扮，希望大家能注意他、接受他、喜欢他，但事与愿违，当他在 Party 露面时，看到的却是一张张惊愕的脸。他懊丧地逃回自己房间，拿起雪碧——"做回自己"。"喝贝克，听自己的"（贝克啤酒）。再如，"该怎么样？自己喜欢就可以，自己自在"（护舒宝）；"我选择，我喜欢"（安踏运动鞋）；"我的空间，我是我"（太平鸟休闲服）；"把精彩留给自己"（李宁牌运动服装）……

除了率先推出"Me 广告"，可口可乐等跨国公司在中国内地的"公关"也颇有成绩。从体育、教育，到文娱、环保，只要有利于扩大自己知名度与美誉度的活动，都积极去做。以至于 1998 年洪灾过后，一个孩子对记者说："是解放军叔叔和可口可乐救了我们！"而且，中国大陆除新疆、宁夏外，都已有可口可乐捐建的希望小学。可口可乐的助教助困行动，也已经涵盖了小学生、中学生和大学生。

可口可乐等跨国公司到底要干什么？

约瑟夫·奈（Nye，Joseph S.）指出，"新帝国主义"主要是以其自由、民主的价值取向和价值形式，以其强调"软实力"的特点，区别于过去攻城略地的旧式帝国主义。而所谓"软实力"的重要组成部分，即是一个国家所具有的有吸引力的文化和价值理想、理念。[①] 福斯特（Foster）则指出，"新帝国主义"并非只追求自由、民主价值，它与任何帝国主义一样，难改其竞争和扩张的本性。20 世纪 90 年代以来，美国统治阶级及其制定外交政策的精英（包括新保守主义圈子之

---

① 转引自周穗明《"新帝国主义论"及其批判评述》，《国外社会科学》2004 年第 3 期。

外的精英）都转向了一个明确政策，即充分利用所谓的由苏联解体带来的有限的空隙，并在新的全球竞争者崛起之前扩张美帝国。[①]

而从实践的观点来看，"Me 广告"所宣扬的自由、民主价值观虽然表面上显得很美好，但某种商品与这一价值观之间的联系却是一种"神话"，而且，这种"神话"是以遮蔽中国存在大量没有消费这些公司产品能力的公民为前提的，也就是说，即使在"神话"中，也是购买产品者才有"自由、民主"，没有消费能力的人则被忽略、漠视。对"内"——有消费能力者，讲自由、民主；而对"外"——没有消费能力者，则遮蔽、漠视。这不正是资本主义"后物质主义"的双重价值观吗?!

另外，可口可乐遍布中国内地的希望小学，也仅仅是一种"公关"策略，因为范围广泛而实际数量有限的几所希望小学，是无法结构性地解决中国内地的实际问题的，但跨国公司却由此结构了自己产品与自由、民主价值观之间的"神话"，遮蔽了中国大陆发展过程中以无消费能力的"民工"广泛存在为特征的内部殖民的辛酸历史，遮蔽了跨国公司在中国大陆经济领域超速急剧膨胀的实景，遮蔽了自己赢得利润的最终目的。我们必须对此有清醒的认识。

综上所述，以商业广告为代表的当代中国大陆媒体的市场化内容，演出了一场从效率本位，到享乐本位，再到对"内"自由民主本位、对"外"遮蔽霸权本位的价值观演进活剧。从这个意义上说，中国社会确实用 30 年走了资本主义 200 年的路。

---

① John Bellamy Foster, The New Age of Imperialism, *Monthly Review*, 2003, 55 (3): 1 – 14.

第三节　分媒体分布规律：从中心、边缘及
运动之大众媒体观察

（一）分媒体考察：中心与边缘之异

从文化哲学意义上讲，不同话语之间具有普遍的相互依存和相互影响的关系。中心话语虽然具有异常强大的同质力量，一切"边缘"都受到它的强烈辐射和渗透，但同时"边缘"也以自身独特的内在功能对"中心"进行着反射，影响着"中心"的结构和功能。

用葛兰西的市民社会与霸权理论来观察大众媒介文本，它作为一个公共话语空间，也必然包含有某种中心与边缘结构。

布尔迪厄指出，文化市场化的一个结果，就是文化生产的场域分化为"有限的文化生产场域"（the field of restricted cultural production）与"大规模的文化生产场域"（the field of large – scale cultural production）两种。文化生产系统的这个分化是与公众的分化过程相伴随的——不同的生产者为不同的公众生产文化商品。这种观点，显然可以视为"中心与边缘结构"理论在大众文本生产领域的具体化。

而戴安娜·克兰对大众文本生产的"中心与边缘结构"的分析则更为直接和具体，她把文化组织分为三种类型：全国性的核心媒体，包括电视、电影、重要报纸；边缘媒体，包括图书、杂志、其他报纸、广播、录像；都市文化，包括音乐会、展览、博览会、游行、表演、戏剧。①

在戴安娜·克兰的分类中，只有报纸在同一媒体形式内部进行了区

---

① 〔美〕戴安娜·克兰：《文化生产：媒体与都市艺术》，赵国新译，译林出版社，2001。

分——重要报纸和其他报纸。对于报纸来说，发行量是其实力和影响力的一个标志性指标，而在当代中国大陆，根据世界报业协会 2003 年公布的资料，发行量排 1~10 名的报纸分别是《参考消息》《人民日报》《扬子晚报》《广州日报》《羊城晚报》《新民晚报》《楚天都市报》《南方都市报》《北京晚报》《齐鲁晚报》，[①] 其中面向全国的只有排名第一的《参考消息》和排名第二的《人民日报》，所以戴安娜·克兰所说全国性的核心媒体中的"重要报纸"，在当代中国，也只有这两家才算得上，其他报纸媒体则只能属于"边缘媒体"。

另外，对于当代中国大众媒体来说，"广告是我国传播媒体最主要的收入和利润来源"[②]，是衡量大众媒介实力和影响力的另一个标志性指标，2001 年，全国广告收入是 795 亿元，其中电视广告收入为 179.37 亿元，占 22.57%；报刊广告收入为 169.56 亿元，"报纸广告量占报刊广告总量的九成以上"[③]，占 21%；广播广告收入为达 18.28 亿元，占 2%。[④] 用这一年度的广告份额指标来衡量传统的四大媒体，显然其排位应是电视第一、报纸第二、广播第三、杂志第四。

随后，我国的广告业总额虽有大幅增长，但传统的四大媒体所占份额的结构并没有改变，例如，"2003 年，电视广告经营额达 255.4 亿元，占总经营额的 23.46%；报刊广告经营额达 243 亿元，占总经营额的 22.53%；广播广告、杂志广告经营额分别为 25.5 亿元及 24.4 亿元，分别占总额的 2.37% 以及 2.26%"[⑤]。仍然是电视第一、报纸第二、广播第三、杂志第四。

① 叶朗主编《中国文化产业年度发展报告（2004）》，湖南人民出版社，2004。
② 江蓝生、谢绳武主编《2003 年：中国文化产业发展报告》，社会科学文献出版社，2003。
③ 叶朗主编《中国文化产业年度发展报告（2004）》，湖南人民出版社，2004。
④ 江蓝生、谢绳武主编《2003 年：中国文化产业发展报告》，社会科学文献出版社，2003。
⑤ 《中国互联网广告总额去年突破 10 亿元人民币》，《参考消息》2004 年 7 月 7 日。

以上广告份额数据说明，戴安娜·克兰的基本分析结果——电视、重要报纸是"全国性核心媒体"，其他报纸、广播、杂志属于"边缘媒体"，完全符合当代中国的实际。

只有电影的情况有些特殊，因为在戴安娜·克兰的分类中，电影属于"全国性核心媒体"，而在当代中国，电影一般不被当做"大众媒介"来看待，但实际上，当代中国电影产业发展至今，已经渗透到了娱乐、通信、主题公园、品牌、旅游等各个方面。"2003 年，中国电影票房收入 10 亿元，但电影产业的收入已经达到 50 亿～100 亿元。"① 从行业整体上看，电影的收入远远超出了同年的广播（广告额 25.5 亿元）、杂志（广告额 24.4 亿元）；从单个产品来看，仅一部《英雄》的票房收入就达 2.5 亿元，② 比属于"全国性核心媒体"的"重要报纸"的广告额高 1 倍左右——2003 年，《参考消息》的广告营业额是 1 亿元多一点儿，而《人民日报》的广告额在 1 亿元上下徘徊、海外版的广告在 2000 万元左右浮动。③ 所以，戴安娜·克兰把电影算作"全国性核心媒体"的观点，也是符合当代中国实际的。

此外，还需要加以关注的是网络。作为媒体，中国互联网的广告总额在 2003 年就已达 10.8 亿元，且"较 2002 年的 5 亿元增长一倍有余"④。在世界范围内，"市场研究机构 Jupiter Research 在最新的报告中称，2007 年网络广告收入将略超过杂志媒体，两种媒体的广告年收入预计在 138 亿美元上下。2008 年，网络广告收入将比杂志广告高出 5 亿

① 陈栋：《广电业 04 点评》，《传媒》2004 年第 12 期。
② 叶朗主编《中国文化产业年度发展报告（2004）》，湖南人民出版社，2004。
③ 喻乐、黄俊杰：《崔斌：传媒广告变革中睿智捕手》，《传媒》2004 年第 10 期。
④ 《中国互联网广告总额去年突破 10 亿元人民币》，《参考消息》2004 年 7 月 7 日。

美元，达到 150 亿美元"①。在当代中国，网络作为一种大众媒介，迅速超过传统的"边缘媒体"，向"全国性核心媒体"挺进的态势也很明显——2003 年其广告额"增长一倍有余"，而同年我国电视媒体霸主中央电视台的广告额增幅为 17%，②报纸的广告额增幅为 27.24%，杂志的广告额增幅为 25.56%，③广播行业广告额增幅较大的深圳台也只达到了 30%。④可见，网络广告的增长速度超过各种传统媒介的 3 倍以上，是正在由边缘向中心迅速迈进的大众媒体。

综上所述，戴安娜·克兰对媒体的分类完全适用于当代中国——电视、电影、重要报纸是"全国性核心媒体"，而其他报纸、广播、杂志则属"边缘媒体"。当然，她没有论及的网络，目前正在由边缘向中心迅速接近。

这里所谓的"中心媒体"，与戴安娜·克兰所谓的"全国性核心媒体"是同一关系，但与通常所谓"主流媒体"有所区别。"主流媒体最根本、最本质的特征是它的高度理性化，给人一种认识真理的力量，主导社会舆论的走向"，"与此相反，大众化媒体是富有感性的媒体"⑤。与以"理性"和"感性"区别"主流媒体"与"大众化媒体"不同，"中心媒体"（或"全国性核心媒体"）与"边缘媒体"的区分，除报纸一种媒介外，其他均是以传播技术因素来划界的，明显是受到麦克卢汉"媒介就是信息"理论的影响。

由于本章第二节已论述过，在一定程度上，大众文本即大众媒介文

---

①　《2007 年网络广告收入将略超杂志媒体》，《行业资料 – 广告 Industry Information Ad.》2004/11/11 ~ 2004/11/26，总第 64 期。

②　叶朗主编《中国文化产业年度发展报告（2004）》，湖南人民出版社，2004。

③　叶朗主编《中国文化产业年度发展报告（2004）》，湖南人民出版社，2004。

④　叶朗主编《中国文化产业年度发展报告（2004）》，湖南人民出版社，2004。

⑤　刘建明：《解读主流媒体》，《新闻与写作》2004 年第 4 期。

本，所以，我们将对大众媒介文本价值观征候的中心与边缘之异进行的考察，也就对纵向（分媒体）研究当代中国大众文本价值观分布规律具有了典型意义。

（二）以电视、电影为标本的中心规律

作为技术成果，电影诞生于 19 世纪末，电视诞生于 20 世纪 30 年代。在以信息为核心的当代氛围中，电影、电视先后承担了社会第一传媒的角色——如果说，"20 世纪 50 年代，电视在欧洲和北美逐渐超过电影，成为最流行的娱乐媒介"①，那么这一幕在当代中国发生的时间，则是 20 世纪 80~90 年代。② 仲呈祥先生对此曾从传播史的角度总结，"中国文艺发展的历史反复证明：一个时期，往往孕育出某种领其时代文艺创作潮流之衔的文艺样式，如汉之赋、唐之诗、宋之词、元之曲、明清之小说。十年浩劫后，又曾出现过以《天安门诗抄》为代表的诗歌、以《于无声处》为发端的话剧、以《班主任》打头阵的短篇小说、以《哥德巴赫猜想》为标志的报告文学，再往后，则依次兴起过中篇小说热、电影故事片热、长篇小说热。待到世纪之交，恐怕要算电视剧才是最为热门的艺术了"③。

如果说"电影故事片"和"电视剧"分别是当代中国电影、电视的典型代表形式，那么我们在此分析的对象就是这两者的价值观征候。美国电影史家罗伯特·艾伦和道格拉斯·戈梅里在《电影史：理论和

---

① 〔英〕大卫·麦克奎恩：《理解电视——电视节目类型的概念与变迁》，苗棣、赵长军、李黎丹译，华夏出版社，2003。

② 2000 年，中国电视剧年产量已超过了 1 万部集，其总节目时间已是当时中国电影年产量的 100 倍左右，转引自尹鸿《冲突与共谋——论中国电视剧的文化策略》，《文艺研究》2001 年第 6 期。

③ 仲呈祥：《中国电视剧与中国女导演》，《中国电视》2002 年第 10 期。

实践》中指出，电影史至少可以分为四种：①美学电影史，把电影视为艺术；②技术电影史，把电影视为发明和设计；③经济电影史，把电影视为工业；④社会电影史，把电影视为生产者和受众的价值观念，愿望和担忧。很显然，我们要做的工作属于第四种，即观察当代中国影视的社会/价值观史。

而"史"本身是一个很有争议的范畴。

马克思的世界历史理论和人类解放理论认为，所谓历史乃是通过社会化的人所实现的自然的人化与人的自然化的双重统一过程，"是追求着自己目的的人的活动"。

"一切历史都是当代史"，这一由克罗齐提出并由伽达默尔等当代思想家强调的口号已经成为后现代哲人的口头禅。后现代哲学深信，历史的意义在于其可能具有的当代意义，是通过当代境况及问题被激活的。后现代历史观所主张的"系谱分析方法"是指，"系谱学不需要起源、因果关系、综合、真理（历史的法则）、隐藏的意义、深度和内在性、对进步的信念。系谱分析不同于现代历史，它不是通过当前的视角来解释过去……更是一种'关于现在的历史，它在与时下论题相关的问题中找到它的出发点，并且在它能够产生对现在作出分析的范围内找到它的抵达点和有用性'"①。

新历史主义代表人物之一的海登·怀特认为，"历史境遇并没有内在的悲剧性、喜剧性或传奇性……一个历史学家只需要转变他的观点或改变他的视角的范围就可以把一个悲剧境遇转变为一个喜剧境遇"②。

其实，后现代历史观消解的，不过是马克思所说的那种"把人当

---

① 〔美〕波林·罗斯诺：《后现代主义与社会科学》，张国清译，上海译文出版社，1998。
② 〔英〕海登·怀特：《作为文学虚构的历史文本》，张京媛主编《新历史主义与文学批评》，北京大学出版社，1993。

作达到自己目的的工具来利用的某种特殊的人格"意义上的"历史"，而作为超越了启蒙现代性，并在马克思世界历史和人类解放理论的思想视野中展开的人的历史，则仍在后现代历史观的视野之外，因为历史的主体性是无法消解的。所以，当代西方马克思主义理论的代表人物詹姆逊的观点值得重视，"历史除非以文本的形式才能接近我们，换言之，我们只有通过预先的（再）文本化才能接近历史"①。由于本文论题的原因，我们在此姑且不论此观点的是非，但它至少指出了重要的事实——历史与文本是相互同构的。

影像与历史、文本之间的密切纠葛至少在安德烈·巴赞那里得到了明确的总结，"唯有摄影机镜头拍下的客体影像能够满足我们潜意识提出的再现原物的需要，它比几可乱真的仿印更真切，因为它就是这件实物的原型。不过，它已经摆脱了时间流逝的影响……它们摆脱了原来的命运，展现在我们面前，把它们记录下来不是靠艺术魔力，而是靠无动于衷的机械设备效力。因为摄影不是像艺术那样去创造永恒，它只是给时间涂上香料，使时间免于自身的腐朽"②。由于以影像为介质，是电影、电视传媒的最本质特征，所以当我们观察当代中国"电影故事片"和"电视剧"的价值观征候的时候，"历史影像文本"，即历史题材的中国当代影视作品，就成为了我们的必然选择——历史、文本、影像，诸元素齐备，显然是切入价值观史论题的极佳视角。

电影故事片和电视剧是姊妹艺术，虽然电影故事片与电视剧一样，都是通过二维平面的光影和声音，使用视听语言来叙述虚构的故事，但是，在传播方式上，它们却存在明显的差异，而且正是这种差异，决定

① 〔美〕詹姆逊：《政治无意识：作为社会象征行为的叙事》，王逢振、陈永国译，中国社会科学出版社，1999。
② 〔法〕安德烈·巴赞：《电影是什么?》，崔君衍译，江苏教育出版社，2005。

了电视剧与电影在文化上、艺术上、效果上的不同。尽管在"电视电影"出现以后，两者有合流的趋向，但它们之间的有些差异确实是难以弥合的。例如，在长度方面，电影通常要在 100 分钟左右叙述故事，尽管最近有延长的趋势，但一般最长也不会超过 150 分钟，但是电视剧则通常是长篇，目前中短篇电视剧基本已因广告等因素失去影响力而被完全边缘化了。电视剧通常在 20 小时、1000 分钟以上，20～40 集已经为常规长度，而一些系列剧、室内剧、情景剧则更可能长达数百集，在数十天乃至数年中陆续播出。这造成了电视剧完全不同于电影的连续性与片段性结合的特点。

而在当代中国，电影故事片和电视剧的导演却常常是互通的，例如，"第四代"电影导演蔡晓晴早在 20 世纪 80 年代初，就拍摄了著名的电视连续剧《蹉跎岁月》，石晓华导演了电视剧《儿女情长》，甚至可以说，"电视剧的导演队伍主要是从电影导演队伍中来的"[1]。所以，我们的讨论可以从当代中国第一批从事"大众文本生产"的电影故事片导演，即"第四代"的历史题材剧开始。

"对于出生于 20 世纪 40 年代，学成于 60 年代的'第四代'来说，'文革'时期青春时光无端丧失构成了他们情绪抒发以求补偿的主要动机。"[2] "第四代"的贡献"主要表现在两件事情上，第一件事情，在 80 年代改革开放之初，拍出了一批弘扬社会主义，人道主义，凸现抒情纪实风格的影片""第二件事情是 90 年代，以宏大的叙事和历史诗

---

① 《"壮志未减心仍年轻——与共和国一起成长"研讨会发言摘录》，《电影艺术》2003 年第 5 期。
② 高力：《飘泊与皈依："第六代"的主题变奏》，《西南交通大学学报》（社会科学版）2001 年第 2 期。

情化为特征的电影作品"①。具体到历史题材的作品来说，前者是将历史诗情化的"抒情史诗"，以《城南旧事》（导演吴贻弓）、《黑骏马》（导演谢飞）、《刘天华》（导演郑洞天）等为代表；后者则是直接表现革命战争年代重要事件或人物的"宏大史诗"，以《开国大典》（导演李前宽、肖桂云）、《大决战》（导演韦廉等）、《周恩来》（导演丁荫楠）等为代表。

在电视剧领域，与"抒情史诗"电影形成某种对应关系的作品数量很多，如《蹉跎岁月》《今夜有暴风雪》等"知青"电视剧便很典型；与"宏大史诗"电影形成某种对应关系的，有《北洋水师》《太平天国》《林则徐》等。

无论是《城南旧事》中，20 世纪 20 年代北京城南那一片温暖而又忧伤的故土所展现出的个人情绪/心灵史对政治/社会的取代、《黑骏马》中主人公对精神家园和灵魂之根的不懈寻找、《刘天华》中通过略化大多数事件前因后果而对现实的纯化和对历史的诗化，还是《蹉跎岁月》《今夜有暴风雪》中，知青们用鲜血和生命的代价所换取的对于社会、历史、人生的深沉思考，都凸显了一种较明显的知识分子价值观的超越性批判的向度。

《开国大典》《大决战》《周恩来》《北洋水师》《太平天国》《林则徐》等重大题材"宏大史诗"型影视剧，则是一种明确的意识形态话语，"它以其权威性加强着人们对曾经创造过历史奇迹的政治集团及其信仰的信任和信心。这些影片以其想象的在场性，发挥着历史教科书和政治教科书无法比拟的意识形态功能"②。彰显了社会主义功利导向的

---

① 《"壮志未减心仍年轻——与共和国一起成长"研讨会发言摘录》，《电影艺术》2003 年第 5 期。
② 尹鸿：《世纪转折时期的中国影视文化》，北京出版社，1998。

国家主导价值观。

在"第四代"那里，国家主导价值观与知识分子价值观，似乎是两股清晰并行的河流，都在自信地奔涌着向前流淌。但情况在"第五代"那里变得更为复杂了。

"第五代"，"这个以陈凯歌、张艺谋、黄建新、吴子牛、李少红、周晓文等"文革"后电影学院首届毕业生为骨干的导演群体成为中国电影史上一个值得夸耀的存在"①。"第四代"的代表人物之一的郑洞天指出，"第五代"开始取代"第四代"的时间是在 1987 年。② 第五代导演是 20 世纪 50 年代出生的群体，青少年时代正值"文化大革命"期间，受磨难、被剥夺、被遗弃的痛楚经历铸成了他们的反思和忧患意识，于是历史视野中的传统文化现象摆在了被他们分析、思考、揭示的位置上。

在"第五代"的初期历史题材作品中，如《黄土地》《红高粱》《盗马贼》等，"历史"不再是需要复述的时空，而是可以随意裁剪拼贴、抒发胸臆的素材。通过淋漓尽致地展示腰鼓、祈雨、颠轿、天葬乃至撒尿兑酒之类民俗与仪式，他们力图达到对民族文化的一种表达和反思。这虽然也被某些理论家诟病为迎合西方中心主义所构造的想象性东方，是为获得强势文化承认而对后殖民主义文化的附和，但这些作品超越性批判的意图是明显的，在形式上也强调了中国的民俗传统及其价值观念。与此同时，《黄土地》中的八路军文艺工作者、《红高粱》中的抗日图景、《盗马贼》中老土匪头子被人民政府执行枪决的下场，都还是显现了国家主导价值观的元素。与这类电影作品在价值观上形成对应关系的电视剧作品有《宰相刘罗锅》《雍正王朝》《铁齿铜牙纪晓岚》

---

① 张时民：《"第五代"导演的文学情结》，《艺术百家》1999 年第 1 期。
② 《"壮志未减心仍年轻——与共和国一起成长"研讨会发言摘录》，《电影艺术》2003 年第 5 期。

等以古鉴今、借古讽今剧，以及由古今小说名著改编成的《夜幕下的哈尔滨》《四世同堂》《红楼梦》《西游记》《三国演义》等作品。

但在"第五代"的后期历史题材作品，如《五魁》《红粉》《摇啊摇，摇到外婆桥》《秦颂》以至《风月》《霸王别姬》之中，世俗人生开始冲淡历史精神，民俗观赏性开始具有吸引受众的商业意图。例如，在《摇啊摇，摇到外婆桥》里，旧上海的"历史"被演绎为性感歌星舞女、豪华洋楼别墅、夜色中枪战以及偷情和叛变。在《霸王别姬》中，呈现给受众的首先是一对戏子自幼年到老年的"生死恋"故事，至于历史的反思和震颤则已虚化为若有若无的背景。这时，电影作为一种文化商品的色彩已不可回避，在享乐本位的消费主义价值观笼罩下，知识分子、民俗传统价值观都已淡化为背景，国家主导价值观更几近匿迹。这类电视剧作品有《还珠格格》《康熙微服私访记》以及以《戏说乾隆》为代表的一系列"戏说历史剧"等。

詹姆逊认为，"第三世界的本文，甚至那些看起来好像是关于个人和利比多趋力的本文，总是以民族寓言的形式来投射一种政治：关于个人命运的故事包含着第三世界的大众文化和社会受到冲击的寓言"①。用这一视角来观察，"第五代"的历史题材作品确实是有着相当浓重的"民族寓言"色彩。而且，这种"民族寓言"在"第六代"那里有了新的发展——民族/民俗元素被消解，个人命运成为了焦点。

"第六代"电影在国内引起反响是在 20 世纪 90 年代中期，其聚集点是管虎的《头发乱了》。尽管此前的 1993 年已经有同属"第六代"的《北京杂种》在瑞士的洛迦诺电影节上捧得大奖，但作为国家体制内的第一部"第六代"电影，《头发乱了》可谓是"第六代"的滥觞

---

① 〔美〕詹姆逊：《处于跨国资本主义时代中的第三世界文学》，张京媛译，《当代电影》1989 年第 6 期。

之作。"对第六代导演群落的指称，目前尚不统一，理论界既有人名之曰'后五代'，亦有人称之为'新生代'。其实，他们是由两个彼此无关却又相互联系的创作群体组成：一是由北京电影学院85、87级部分毕业生组成的创作群体；另一群体是一批毕业于戏剧学院或艺术学院的青年艺术家与青年电视工作者"①。

这是在市场经济深入发展的大环境中，在主管机构/电影投资方/电影理论界/媒体以及自身的多方合谋下形成的一次青年电影趋势或浪潮。从自身讲，他们不像"第四代""第五代"那样，拥有丰厚的人生经历和生命体验，其生活积累主要来源于城市内繁复的社会生活和光怪陆离的人生百态，以及对自己和同龄人生存情境的体悟。从成长环境看，由于市场经济的确立，他们已经无法像"第四代"及"第五代"起步时那样，不考虑"资本"的意志。因此，他们的电影大多表现当代都市年轻人的生存状态，而且大多选择都市社会边缘人物作为影片的主人公，历史题材很少涉及。而在仅有的几部历史题材作品，如管虎的《再见，我们的1948》、李俊的《上海往事》、胡雪杨的《牵牛花》等中，"历史"已经被解构为个人的感受和经历——前者用自己独特的眼光审视了1948年发生在一群孩子身上的事件，着力实现"营造感受中的历史"的企图；中者透过一段弥漫在30年代上海滩的朦胧而悠长的情愫，折射出历史的变迁和人生的无常；后者借助于一个患梦游症的少年在"文革"时期寄住到农村中的特殊经历，揭示了人性中"恶"的膨胀。把历史简化为自我，表面上是一种对自由、平等的追寻，而无视"非我族类"、身外世界的这种文化姿态本身，显然透露出"后物质主义"双重价值观的信息。而"第六代"中的大部分人对国外电影节和

① 陈亦骏：《第六代电影的文化走向》，《当代文坛》1997年第1期。

资金的依赖，也是他们作品所显示出价值观征候的佐证。这种现象在电视剧领域的反响之一，是以《水浒传》《金粉世家》等为代表的"名著消费性改编剧"大行其道。

当然，国家通过审查机关，仍对影视媒体的生产和流通实施着有效控制。体现在历史题材影视剧方面，是无论"第四代""第五代"还是"第六代"，都开始有人在市场需求和国家要求之间寻求一种协调、平衡——创作"红色"影视剧。在电影方面有《焦裕禄》《红樱桃》《长征》《张思德》等，在电视剧方面有《红岩》《日出东方》《钢铁是怎样炼成的》《激情燃烧的岁月》《林海雪原》等。

综上所述，对于影视等当代中国中心媒介来说，一方面是社会主义功利本位的国家主导价值观继续拥有权威；另一方面是享乐本位的消费主义价值观、双重标准的"后物质主义"价值观经由资本的力量和全球化的力量，在和国家主导价值观寻求一定程度妥协、共谋的过程中，不断加强着自己的力量；而参与中心大众文本生产的一些"知识分子"，作为政权和市场这两种力量的代理人，也作为民族/民俗传统记忆的主要承载者，则常常试图借助于这两种强势力量来表述对历史和现实、社会和人生的批判和记忆，但是，在 20 世纪 90 年代以后，超越批评本位的知识分子价值观、和谐本位的民俗传统价值观的声音，是越来越微弱了。

（三）以"其他报纸"、广播为标本的边缘规律

"社会学家建议，如果我们想要理解传媒及其对我们社会的影响，那么就必须考虑传媒与社会之间的关系（包括微观层面和宏观层面）"①

---

① David Croteau, William Hoynes, *Media/Society*: *Industries*, *Images*, *and Audiences*, Thousand Oaks: Pine Forge Press, 2003, p. 13.

作为当代中国边缘大众媒体的"其他报纸"和广播的价值观征候的变迁，生动地诠释了传媒与社会的互动关系。

在20世纪80年代的改革开放初期，各级别党报的发行量和广告收入"一枝独秀"，令其他报纸难以逾越。各级"党报"作为党和政府的喉舌，当然是要不遗余力地宣传国家主导价值观，但它们是难以归入以市场化、都市化、工业化为物质/组织基础的"大众文本"的。

首先，具有"大众文本"色彩的报纸，是各级"党报"办的"周末版"。以著名的《南方周末》为例，它1984年2月以一张地摊小报的姿态出现在广东报业市场上。但由于《南方日报》本身是党的机关报，《南方周末》作为它的增刊，作为它的延伸和补充，在内容选择上采取"大雅大俗，雅俗共赏"的办报方针，即"雅字当头，俗的题材要用知识分子最先进的思想去升华，雅的题材要用知识分子最先进的思想去与民众相通"，以鲜明的知识分子价值观，在激烈的竞争中实现了差异化，并取得了比较优势。这种情形庶几可以代表众多"周末版"脱颖而出的原因。

继"周末版"之后，渐成气候的，是大多在20世纪80~90年代创刊或复刊的晚报，尤其是省会城市办的晚报。这些晚报在某种程度上秉承了"周末版"的知识分子价值观，且对新闻一般反应较敏锐，相对来说更有亲和力，如当时的《成都晚报》《南宁晚报》《郑州晚报》《泉州晚报》《海口晚报》《福州晚报》《贵阳晚报》等①，在20世纪90年代初，它们大都随着市场经济的深入发展而取得了辉煌的业绩。"那时候，在全国各大中心城市特别是省会城市的报业市场上，自费读者最

---

① 吴定勇：《都市报对晚报的冲击和晚报的都市报转向》，《西南民族大学学报》（人文社会科学版）2003年第8期。

众、广告收入最多、经济效益最好的报纸，非晚报莫属。"①

同一时期，媒体间竞争得越来越激烈，使得传播形式单一的广播媒体在受众中渐渐失去了光彩，其收听率呈现出明显的下降趋势。针对这种情况，从中央到地方，各级广播电台使尽浑身解数，在互动性和策划性方面下功夫，开始开办各类谈话节目、热线节目，组织深度报道、系列报道，举行远距离现场直播，或者干脆把直播间移至户外。这些加强媒体"亲和性"的举措，以及节目内容本身在价值观方面的调整，都与"晚报"的崛起手段有异曲同工之处。相关举措使广播在激烈的媒体竞争中，仍站有一席之地——从1996年至2001年，广播媒体在全国广告收入中一直占2%。②

但很快，更加市场化的"都市报"的崛起，开始取代晚报在市场上的位置。"1995年1月《华西都市报》的创刊，标志着中国报业走向市场的步伐加快。"③ 该报首创"市民生活报"定位，第一次提出"全心全意为市民服务"的办报宗旨，努力用市民的语言来反映市民的生活，用市民的话语来叙说市民的故事。基于这种办报方略，《华西都市报》力戒变成"精英报"，而竭力在实用性、信息性、可读性上下功夫。在当代中国报业第一次将效率本位、享乐本位价值观明确地凸显出来。"到1996年6月，该报发行量已从创刊初的1.5万份增长到15.7万份，广告月收入从120万元上升到800万元，打破了《成都晚报》独占鳌头的局面，拉开了成都报业竞争的序幕。"④

① 吴定勇：《都市报对晚报的冲击和晚报的都市报转向》，《西南民族大学学报》（人文社会科学版）2003年第8期。
② 江蓝生、谢绳武主编《2003年：中国文化产业发展报告》，社会科学文献出版社，2003。
③ 董广安：《都市报：中国报业走向市场的"加速器"》，《郑州大学学报（哲学社会科学版）》2002年第5期。
④ 吴定勇：《都市报对晚报的冲击和晚报的都市报转向》，《西南民族大学学报》（人文社会科学版）2003年第8期。

《新闻出版报》对这一现象撰文描写道，"随着《华西都市报》影响的不断扩大，慕名前来《华西都市报》取经的全国各地城市报纸络绎不绝。最先来的是《三秦都市报》和《贵州都市报》。随后，《大河报》《燕赵都市报》《三湘都市报》《江南都市报》《南国早报》《柳州日报》《齐鲁晚报》等近 300 余家新闻单位都先后到《华西都市报》取经"①。于是，"华西现象"开始在全国各大城市上演，"都市报"们纷纷取代了原来"晚报"的位置。到 1998 年底全国都市报总数已逾 20 家。②至今，几乎每个省、自治区、直辖市都有了自己的都市报，且都在激烈的竞争中，赢得了可观的读者市场，实现了良好的经济效益。迫于严峻的竞争形势，许多晚报不得不正视现实，反过来向其原来的徒弟——"都市报"学习取经。例如，《成都晚报》为改变日渐式微的竞争状况，改为早上出版，加入了市民生活报竞争的行列。全国各地改为上午出版的晚报，目前已经占到全国晚报的一半左右。③由于出版时间和报纸定位都与"都市报"趋同，所以这些晚报其实已经是"都市报"。

由于"都市报"同质化竞争趋势明显，如在经济欠发达的江西省南昌市，就有 7 家同类媒体共存，所以一些媒体已着眼于"后都市报"时代，迎合媒体细分化、个性化的发展趋势，将定位聚焦、缩小，以图在新一轮的竞争中占得先机。如《深圳商报》以"创办中国第一张白领和中等收入阶层的大型日报"的理念改版；早先在北京创办的《精品购物指南》和在河南创办的《今日消费》等时尚消费类报纸，都取

---

① 肖云、蓝轲：《开创报业产业新时代——席文举创立"（华西）都市报"的实践解析》，《新闻出版报》2000 年 8 月 21 日。
② 蒋海斐：《都市报的市场化运作分析》，《当代传播》2004 年第 4 期。
③ 吴定勇：《都市报对晚报的冲击和晚报的都市报转向》，《西南民族大学学报》（人文社会科学版）2003 年第 8 期。

得了不俗的业绩——前者还曾在 1998 年和 1999 年进入过全国报纸媒体广告收入前 10 名;① IT、财经等新兴行业类报纸,如《计算机世界》《中国经营报》《21 世纪经济报道》和《经济观察报》等,影响力迅速膨胀,而且目前还不断有新的竞争者加入,如《第一财经日报》等。

同报纸的细分化、个性化发展趋势相同,各地广播电台相继产生了不少系列台,诸如经济台、音乐台、新闻台、交通台、文艺台、都市台、信息台等。广播电台已由综合型传播媒体向专业化频道发展,面向有针对性的受众群体。分众化举措收到了明显效果,中国广告协会广播委员会的统计数据显示,2003 年全国各广播电台广告经营收入,普遍较上年有大幅增长,其中 2003 年广告收入过亿元的有北京、上海、广州、深圳等 6 家,超过 5000 万元的则多达十几家。②

从"党报""晚报""都市报",到"后都市报"时代的"白领报""时尚消费报",以及 IT、财经等"新兴行业报";从广播加强亲和力,到综合广播变成经济台、音乐台、交通等专业化频道,从价值观的角度看,效率本位、享乐本位的"物质主义"价值观一直处在被不断强调、强化的过程之中。所以,在"其他报纸"、广播等边缘大众媒介文本中,"物质主义"价值观在不断扩张和强化;知识分子价值观、民俗传统价值观则已基本匿迹。2004 年 1～10 月的"主要类别报纸广告刊登额对比"为这一状况提供了实证性的注解:综合都市类、生活消费类、财经类报纸分别占报纸广告总量的 74.91%、3.35%、3.08%,三者合计占 81.34%,而党政机关报仅占报纸广告总量的 11.00%。③

---

① 江蓝生、谢绳武主编《2003 年:中国文化产业发展报告》,社会科学文献出版社,2003。
② 叶朗主编《中国文化产业年度发展报告(2004)》,湖南人民出版社,2004。
③ 姚林:《市场进入平稳发展期——析 2004 年报刊广告发展特点》,《中华新闻报》2004 年 12 月 22 日。

（四）以互联网为标本的边缘—中心规律

1994 年 4 月 20 日，中国与国际的 64KIntemet 信道开通了，标志着中国正式成为国际 Intemet 大家庭中的第 77 位成员。1994 年 5 月 21 日，中国科学院计算机网络信息中心完成了中国国家顶级域名（CN）服务器的设置，并由中科院网络中心负责 CN 顶级域名的注册和维护工作。至此，中国有了属于自己的稳定快速的网络地址平台。

据统计，目前有 85.6% 的上网者使用网络的目的是阅读新闻、获取信息。网络媒体与传统媒体比较，有以下几个特点：①超越时空，信息量巨大。②多媒体组合。③双向交互性。④传播权利平等。⑤迅速快捷。网络媒体的快速发展和独特个性，引起了许多理论家的关注。

以米歇尔·史蒂文森为代表的部分美国学者认为，当前我们正在经历的与其说是一场电脑的革命，毋宁说是移动影像（moving images）的一场革命——互联网的发展似乎可以看做是电视媒介发展的一种延伸。美国哥伦比亚大学教授詹姆斯·克雷则认为，从某种意义上说，互联网是第一个真正的全球性的传播系统——在此之前，19 世纪的铁路和电报开创了一个国家性的传播系统，此系统由电视最终完善；而互联网对这个国家性系统的颠覆不只是依靠技术上的革新，而是由物质生态环境、符号生态环境和媒介生态环境共同形成的合力所致。

詹姆斯·克雷教授的观点耐人寻味。因为马克思曾把"生产力的普遍发展和与此有关的世界交往的普遍发展"作为实现世界历史性的共产主义的两大前提，[①] 而作为第一个真正的全球性的传播系统，互联网不正是为"世界交往的普遍发展"提供了物质技术基础吗?! 这不禁

———————————

① 《马克思恩格斯选集》第一卷，人民出版社，1972。

让人想起了列宁那著名的论断：垄断资本主义是社会主义的入口处。可见，互联网作为一种媒体，本身具有支持垄断资本主义、社会主义、共产主义价值观的倾向。

邓小平曾将社会主义价值观概括为，"社会主义的本质，是解放生产力，发展生产力，消灭剥削，消除两极分化，最终达到共同富裕"。如果说"解放生产力，发展生产力"可归入社会主义功利型价值观范畴，那么"消灭剥削，消除两极分化，最终达到共同富裕"，即社会的真正平等、自由、民主，则显然可以算作是社会主义理想型价值观了。

而马克思、恩格斯曾在《共产党宣言》中指出，共产主义社会"将是这样一个联合体，在那里，每个人的自由发展是一切人的自由发展的条件"[①]，所以，共产主义价值观至少包括两个要素：个人的自由和个人的全面发展。

如前所述，资本主义发展到目前的跨国垄断阶段，其价值观已经历了"生产社会"的效率本位，"消费社会"享乐本位和目前"后物质主义"的对内自由、民主本位，对外掠夺、霸权本位的双重价值观。所以，"后物质主义"价值观的积极方面——对内自由、民主本位，其实和社会主义理想型价值观是"趋同"的，而且这两者共同呼应了共产主义价值观的核心要素之一，即个人的自由。可见，从价值观变迁的角度来看，类似"21世纪的社会主义应当首先具有伦理道德性质"[②]之类的论断，是有其深刻之处的。比尔·盖茨在《未来之路》一书中也预言："信息高速公路将打破国界，并有可能推动一种世界文化的发

---

① 《马克思恩格斯选集》第一卷，人民出版社，1972。
② 李会滨等编《社会主义与21世纪》，中央编译出版社，2000。

展，或至少推动一种文化活动、文化价值观的共享。"①

在当代中国，1995～1996 年，各个大中城市的互联网信息港已经初具规模，中国国际互联网的第一代网管诞生，中国第一代的大众网民也开始走出 BBS，而真正融入了天地更为广阔的互联网（Internet）。

1998 年 5 月举行的联合国新闻委员会年会上，正式提出了"第四媒体"的概念，即把迅速普及的互联网和正在兴建的信息高速公路作为继报刊、广播和电视之后的一种新媒体。在中国，互联网业务是放在当时的信息产业部归口管理的，被视作信息增值服务。直到 2000 年 12 月 27 日，新浪、搜狐等网站，同时获得国务院新闻办公室批准的登载新闻业务资格，民营商业网站才正式获得了媒体身份。

至此，中国互联网作为媒体呈现出两种形态。

一种是报刊、广播和电视等传统媒体的网络版。1995 年，中国大陆第一份上网的中文电子刊物是《神州学人》，到当年年底，大陆尝试上网的报刊有七八家；至 2000 年，上网报纸数增加到 273 家，占全国报纸总数的 14.3%；广播从 1995 年广东电台上网开始，至 2004 年上网电台数为 32 家，占全国电台总数的 2%；电视从 1996 年中央电视台上网开始，至 2004 年上网电视台有 48 家，占全国电视台总数的 2.6%。②由于这些网站的内容，只是相应传统媒体的网络版，所以在价值观方面与本文已分析过的传统媒体无异。在所有上网的传统媒体中，《人民日报·网络版》最有影响，它是 2000 年 1 月中国互联网络信息中心公布的十大网站之一，也是十大网站中唯一由传统媒体经营的网站。但就是这家网站，每天的访问者也被居十大网站前列的新浪网之类的民营商业

---

① 〔美〕比尔·盖茨、内森·迈哈沃德、彼得·里尼尔森：《未来之路》，辜正坤主译，北京大学出版社，1996。
② 吴廷俊：《试论新世纪大众媒体结构的格局》，《现代传播》2001 年第 4 期。

网站远远地甩在了后面——2000 年时新浪每天访问量已达到 280 万人次，让传统媒体的网站望尘莫及。

作为中国互联网媒体的另一种形态，即民营商业网站，虽然其代表新浪和搜狐等已正式获得登载新闻业务的资格，但依据此前国家颁布的《互联网站从事登载新闻业务管理暂行规定》，商业网站经批准可以登载来自传统媒体的新闻，但没有登载"自行采写的新闻和其他来源的新闻"的权利，即只能"转载"不能"自采"，所以商业网站要成为名副其实的媒体，还有相当长的路要走。

在没有新闻采访权的条件下，以民营商业网站为主体的中国互联网媒体，仍在短时间内迅速由边缘向中心运动。根据艾瑞市场咨询（iResearch）推出的《2004 年中国网络广告研究报告》数据显示，从 1998 年到 2004 年网络广告支出占广告总额比例看，在 1998 年、1999 年网络广告起步阶段，占广告总额的 0.1%；2000～2002 年网络广告平稳发展，已占广告总额的 0.5%；而 2003 年后网络广告支出大量增长，至 2004 年网络广告支出占总额的比例已为 1.5%。另外，艾瑞市场咨询《第一届艾瑞网民网络习惯及消费行为调查》的结果显示，网络广告已成为继电视广告之后的具有主要影响力的广告形式，甚至已超过了报纸广告和杂志广告。①

由于所提供内容在质上与传统媒体差别不大，所以中国互联网媒体的高速成长的重要动因在于传播形式，这从实践的角度又一次证明了互联网这种传播介质本身的革命性和先进性。

网络文献以树形的超文本结构组织，材料之间的关系类似网上的各个节点，页面上的元素能直接以一种无序方式与其他页面链接。这种

---

① 叶朗主编《中国文化产业年度发展报告（2004）》，湖南人民出版社，2004。

技术使网络文献不仅能呈现出第三维度——深度，更能在超媒体材料的结构中加入第四维度——时间，从而实现了与视频、音频要素的链接。这种超文本和超媒体传播形式，"代表着文献传播领域中由数字语言的影响而带来的第一个意义重大的变革"①，并由于它在人类历史上第一次为"世界交往的普遍发展"提供了大众化的物质技术基础，从而孕育着人类价值观实现伟大变迁的要素——从垄断资本主义的"后物质主义"双重价值观中的积极一面，到真正平等、自由、民主本位的社会主义理想型价值观，再到以个人自由和个人全面发展为本位的共产主义价值观。

---

① 〔美〕罗杰·菲德勒：《媒介形态变化：认识新媒介》，明安香译，华夏出版社，2000。

第五章　个案研究：当代中国商业杂志的价值学观照

在整个 20 世纪，中国杂志至少四次在媒体领域"叱咤风云"过：第一次是以《新青年》为代表的"五四"时期；第二次是以《生活》为代表的 20 世纪 30 年代；第三次是以《中国青年》为代表的 20 世纪 70 年代末 80 年代初，迄今为止由《大众电影》创造的发行量纪录（月发行 900 多万份），就是在这一时期出现的；第四次是以《时尚》《瑞丽》为代表的 20 世纪 90 年代中后期，当代中国商业杂志登场，成为当代中国大众文化的"四大家庭"① 之一。

时光荏苒，21 世纪到来之际，在中国与美国达成的加入 WTO 的相关协议条款中，明确规定一段时间后境外资本可以有条件地进入中国的杂志与图书领域。这意味着，杂志可能成为中国传统媒体开放时间最早、开放程度最为彻底的品种。

历史又一次将中国杂志推向了前台。此刻，当代中国商业杂志作为杂志媒体在中国的新生形态，在价值学的视野中呈现出了什么样的镜像呢？

---

① 有学者认为流行音乐、大众影视、通俗文学、流行期刊是当代中国大众文化的"四大家庭"，见王坷《论当前大众文化的尴尬生态——为大众文化辩护》，《文艺评论》2002 年第 3 期。

第一节 当代中国商业杂志价值提升策略

（一）传统杂志与当代商业杂志的主要区别在于营利模式

从 20 世纪 90 年代中期起，一种全彩色印刷、装帧考究、广告版面众多的杂志，开始在我国大中城市的书摊、报亭逐渐占据主流位置，大有取代原来的黑白印刷杂志之势。它们花花绿绿的大幅海报，像广告霓虹灯一样，已成为一种新的城市标志性景观。

据统计，2004 年我国大陆的期刊中，全彩色印刷杂志已经达到了600 余种，其中销量稳定的超过 350 余种。[①] 此种不经意间已嵌入中国城市生活的新兴纸质传媒，到底是何方神圣？

其实，这种全彩色印刷的杂志，不仅在装帧上与传统黑白杂志不同，而且在营利模式上也与传统杂志有着本质的区别。

这种区别得从前文提到过的媒体的"三次售卖"说起。具体到杂志来说，将内容卖给读者，是杂志的"第一次售卖"，即通常所谓的"发行"；将在第一次售卖中得到的读者群卖给广告商，是杂志的"第二次售卖"，即通常所谓的"做广告"；当杂志在第一次、第二次售卖中获得了某种竞争对手所难以具备的优势后，那么它就可以进行第三次售卖——"卖品牌资源"——通常采用的方式有出售读者数据库、客户名单，操作网站、会展，进行品牌授权等。

"传统杂志"与"当代商业杂志"最本质的区别，是前者以"第一次售卖"为主要收入来源，而后者以第二次、第三次售卖为主要收入

---

① 叶朗主编《中国文化产业年度发展报告（2004）》，湖南人民出版社，2004。

来源。例如，著名的《读者》杂志，其 2001 年约 2 亿元的利润中，有近 1.8 亿元来自发行，[①] 即第一次售卖收入，所以它是典型的传统杂志。而《ELLE 世界时装之苑》杂志的广告（第二次售卖）收入，在 2002年时已达 1.6 亿元；同时，ELLE 品牌的时装专卖柜也遍布京、沪各大百货公司——第三次售卖也收入不菲。该杂志的第二次、第三次售卖的收入，肯定要超过其卖杂志的发行收入，因而这是一本典型的"当代商业杂志"。

在欧美发达国家，传统杂志已经式微，如在 2000 年美国期刊 300强中，只有 21 种还属于"传统杂志"[②]。可见，在发达的市场经济中，靠"第一次售卖"赢利已不是杂志的主流经营模式。这与我国的情况有所不同。

在我国目前的市场上，当代商业杂志虽然迅速崛起，但在市场影响力方面，传统杂志还占有重要位置——25 种期刊发行量超过百万册的杂志，[③] 几乎全是传统杂志。但是，欧美发达国家的市场现状已经说明，未来是属于当代商业杂志的。即使《瑞丽》《时尚》等"当代商业杂志"的发行量比《家庭》《知音》等"传统杂志"小得多，也无碍于前者现在已能比后者赚取更多的利润，并拥有更为可持续发展的前景。

在电视、网络等电子媒体的夹缝中，当代商业杂志不仅是我国传统媒体中成长最快的品种，也是世界媒体格局中成长最快的领域。

据不完全统计，2003 年我国大陆有 100 家左右的新刊出现，如果

① 程蔚：《期刊盈利模式需要创新》，《新闻记者》2004 年第 2 期。
② 程蔚：《期刊盈利模式需要创新》，《新闻记者》2004 年第 2 期。
③ 叶朗主编《中国文化产业年度发展报告（2004）》，湖南人民出版社，2004。

计入改刊名后重新进入市场的杂志，可达 250 多种。① 这些"新面孔"基本上都是现代商业杂志。而 2003 年，我国大陆的报纸品种只比 2001 年底多出了 126 种。②

在世界范围内，2000 年杂志的广告收入比 1999 年增长了 10.4%。从具体广告商来看，英国国家杂志公司广告市场和新业务拓展总监蒂姆·卢瑟斯指出，"宝洁公司在英国电视媒体的广告投入在过去 5 年中下降了近 20%，而在杂志媒体的广告投入却增加了 250%！雀巢公司也宣布，到 2006 年，他们对电视的投入将会减少 45% 左右，以便投资于其他媒体"③。

在欧美，当代商业杂志是在电视、报纸、广播等媒体的挤压下产生并发展起来的；而在中国大陆，当代商业杂志一出现——通常以 1993 年《时尚》杂志创刊为标志，就不仅得面对电视、报纸、广播的竞争，还遭遇了网络媒体的冲击。而它之所以能够生存下来并快速发展，靠的是在金融经济层面和文化经济层面采取的全方位价值提升策略。

（二）金融经济层面的四种策略

1. 定位上小众化，即针对特定人群提供服务，在对读者、广告客户的个性化服务方面做得更细致、到位

例如，以女性化妆服饰指南为主要内容的《瑞丽》杂志，就有主要针对工作前青春一族的"可爱先锋"版，针对 30 岁以前职场女性的

---

① 叶朗主编《中国文化产业年度发展报告（2004）》，湖南人民出版社，2004。
② 叶朗主编《中国文化产业年度发展报告（2004）》，湖南人民出版社，2004。
③ Charlotte Bradley, Magazines Stand Their Ground, http://www.ppa.co.uk/cgi - bin/go.pl/features/article.html.

"服饰美容"版，以及针对 30 岁以上成熟职场女性的"伊人风尚"版。由于读者群、广告客户与其他媒体相比更为单一和明确，所以在目前"信息过剩"的社会中，现代商业杂志凭借其"信息效率"获得了明显的比较优势。这是它存在和发展的基础性因素。

当代商业杂志的定位，包含读者定位、广告定位、发行定位三个基本层面，并由此决定它的理念、形象和行为。

读者定位与性别、年龄、收入、受教育程度、地域、职业等因素密切相关，但前三者最重要，是形成读者定位的基本因素。也就是说，如果前三种因素不明确，就不能说该刊有明确的读者定位。如美国的《新闻周刊》在其国内有 97 种版本，按收入定位，专为中等收入以上的读者出"黄金版"；按文化程度定位，则专为大学师生出"大学版"。[①]

读者定位的观念在我国当代商业杂志的起步阶段就受到了重视，或者说，正是读者定位的观念才催生了中国当代商业杂志。例如，原来的轻工业行业杂志《消费指南》，从 1999 年起开始将定位转向"年龄在 28～40 岁、拥有中高收入、受过良好教育的城市成熟女性"，并于 1999 年 5 月正式将刊名改为《LADY 都市主妇》，结果大获成功——在 2003 年 10 月该刊分拆成《都市主妇》和《LADY 格调》前，其发行量和广告收入，一直都居"本土"高档成熟女性刊的第一名。

广告定位，即设计和挖掘杂志真正的潜在客户，既与杂志的读者定位密切相关，又具有相对的独立性。这种独立性主要体现在杂志的广告市场结构是客观的。

---

① 刘金虎：《品牌经营：期刊市场化运作的核心》，《新闻实践》2004 年第 8 期。

表 1　2004 年 3 月我国杂志广告的行业结构和产品结构

单位：万元

2004 年 3 月杂志广告主要行业		2004 年 3 月杂志广告主要产品	
产品名称	费用	产品名称	费用
化妆及卫生用品	8041.30	服装系列	2517.61
计算机	6006.19	护肤品系列	2234.11
服装服饰	5363.02	日常护理类	1248.47
机动车	3651.52	中级轿车	1080.02
通信	2071.76	元、器件	1033.89
食品饮料	1615.80	护肤品及其他	946.67
家居家装	1232.96	服装服饰产品综合	943.44
商展会议	1187.77	表系列	884.30
旅游餐饮休闲	991.40	普通笔记本	709.74
教育	955.26	GSM 数字移动电话	668.08
房地产	930.45	白酒	641.20
媒体/出版	821.30	会议	511.45
家电	778.80	电子产品及其他	504.11
药品	582.53	轻型越野车	498.11
生活服务	543.19	数码相机	471.40

资料来源：慧聪媒体研究中心：《2004 年 3 月期刊广告投放排名监测》，《传媒》2004 年第 5 期。

　　杂志的广告定位，需以客观的行业产品结构（如表 1）为基点来考量，即尽量调适自己的读者定位，使之能涵盖更多的"热门行业和产品"，进而形成杂志的广告定位。当然，如果有切实的有足够支撑力的独特广告市场，那么杂志也能以之为自己的广告定位。例如，《高尔夫》杂志就把目标客户锁定在高尔夫球场、装备生产商和经销商上，结果也很成功。而且，后一种广告定位方式，正越来越多地被国内商业杂志所采用。

　　在操作层面，为了迅速找到潜在客户，杂志的广告人员一般采取如下两种方法：一是参照竞争对手的客户；二是从过去合作过的客户中找出最忠诚的客户，并以此类推。对于新刊或广告业务没能开展起来的刊物，则一般根据杂志的广告定位，选择一些大品牌或同行业中有影响的产品免费赠送广告，以引导其他客户。

国内杂志的发行方式，主要有邮发（"主渠道"）和通过批发商直接上摊（"二渠道"）两种，由于邮发效率低、费用高，是典型的计划经济的产物，所以新崛起的当代商业杂志几乎都采用"二渠道"发行方式，例如，《时尚》系列、《瑞丽》系列都是如此。近年来，又出现了通过互联网发行——如卓越网、当当网的在线书店，和读者俱乐部发行方式——如贝塔斯曼书友会，但这些新方式在杂志发行方面的绩效，还有待观察。

由于国内目前缺少专业化程度高、服务到位的全国性杂志发行代理公司，所以中国当代商业杂志的发行定位，主要考虑的问题——是把发行工作交给代理公司还是自办发行？自己杂志的发行重点在"二渠道"的哪些方面更细分渠道？如旅游类、高档消费类杂志，就更重视在宾馆、饭店、机场"露脸"。

不过，随着 2003 年 5 月 1 日《外商投资图书、报纸、期刊分销企业管理办法》的实施，我国书报刊分销市场在法律上已实现了完全的开放。经过整合的发行代理公司，有可能为杂志提供较专业化的服务。中国当代商业期刊发行定位要解决的问题，可能转化为如何与发行代理公司共同研究实施"二渠道"细分策略的问题。

而无论是读者定位、广告定位还是发行定位，都要符合差异化、专一化、全面成本领先的营销策略。

所谓差异化，是指在读者定位、广告定位或发行定位层面，能和竞争对手相区别。差异化是营销的最基础因素，差异化营销曾成就了当今世界最著名的企业和品牌。在中国现、当代商业杂志领域，差异化也是屡试不爽的利器——大量的 DM 杂志仅仅通过发行渠道的差异化，就获得了生存发展的机会。

而所谓专一化，是指杂志定位（读者定位、广告定位、发行定位的协调综合）确定后，就要在操作中只为特定的目标市场提供服务，而决不能兼顾其他，摇摆不定。目前，许多在中国投资期刊的并不是资金实力雄厚的传媒集团，许多投资人以为非常理想的 2～3 年的收支平衡周期是杂志业的常态——在美国，创办一本新杂志要经过 3～5 年的培育期，有的期刊要到第 7 年时才可收支平衡①。结果导致为了急于达到资金平衡而定位摇摆，或定位执行不坚决。这是近几年新刊出现的一种"常见病"。

全面成本领先是一种"兵不血刃"的营销因素——只要杂志在印制、人员等一系列综合成本上低于对手，就能在同等杂志售价和广告售价的条件下，获得竞争优势。由于国内当代商业杂志在总体上管理水平还不高，所以这一看似常识的重要营销因素，往往被杂志管理者所忽视。

可见，当代商业杂志的定位是一个相当复杂的系统，这决定了它的成败就好比一支足球队的输赢，光有好的"前锋"——广告人员，或好的"后卫"——编辑，或好的"中场"——发行人员，都不行，必须有一个好的系统，才能赢。

在媒体市场高度发达、成熟的美国，杂志定位已经细分到了非常精密的程度，例如，光指导如何进行户外出游的杂志，就有《预算旅游》《旅游女孩》《旅游知识》《户外旅行家》等 10 多本——而后者，即《户外旅行家》，甚至是专门指导同性恋结伴出游的杂志。② 与此相比，

---

① 石筠弢：《美国期刊人经营务实》，《出版参考》2004 年 7 月下旬刊。
② 雪芬：《美国新创杂志订价偏高》，《出版参考》2004 年 8 月上旬刊。

目前国内杂志市场的细分化程度还相差很远，所以中国当代商业杂志还有着极大的上升空间。

2. 形象上图片化，即提高图片的数量和质量，从而顺应了读图时代

"20 世纪所有的媒体革命都是视觉的——电影、电视、互联网，我认为人们没有时间坐下来阅读。"曾任《滚石》主编的 E. D. Needharm 在上任之初便这样启发杂志同行们。①

但自从彩色印刷技术发明以来，杂志就获得了适应读图时代的基因。与摄影艺术相结合，并利用摄影能把最有意味的一瞬间展示出来的特点，杂志图片的数量和精美程度在不断提高，从而获得了与电视、网络等连续画面媒体相比的效率优势。也就是说，杂志的一幅照片，可能要比几分钟甚至几十分钟的连续画面更吸引人，信息量更大。

如美国的《国家地理杂志》，每期都有该刊记者在世界著名地区亲历探险的第一手资料，生动的文字配以精美的图片，使之在全世界受到了广泛的欢迎。我国目前市场上的当代商业杂志，对于图片的数量和质量普遍比较重视。这一点，只要回想一下 10 年前我国大陆彩色杂志的状况，再看看今天书摊上彩色杂志的状况，就能深刻地体验到。

由于当代商业杂志用图要求质高量大，所以在具体操作层面上，它还在一定程度上催生了图片库公司的大量出现。

3. 编辑上程式化，即通过三种主干内容和四种主要文体的模式，实现创新与高效之间的平衡

杂志的内容与定位密切相关，且有主次之分。从规律性层面看，中国当代商业杂志的内容，一般以专集、人物、话题为其主干。

专集，是每期杂志中最重要的策划报道，一般在杂志中是占版面最

---

① 令狐磊：《杂志策划 一种原罪抑或一场革命》，《传媒》2004 年第 8 期。

多的一篇文章。它充分利用杂志在篇幅和出版周期方面的优势，从杂志的定位出发，全面展现某目标市场所关注热点问题的全貌，从而为杂志所宣扬的某种生活方式提供强有力的支持。曾在专集方面做得较为突出的中国当代商业杂志，是广东省新闻出版局和三九集团合办的《新周刊》。例如，该刊每期以 15～40 页的篇幅，集中报道某个热点——《中国不踢足球》（1997 年号外）、《弱智的中国电视》（总第 39 期）、《16 年之痒》（总第 57 期）、《城市败笔》（总第 79 期）、《80 年代下的蛋》（总第 103 期）等，均以独特的视角，宣扬着一种"新锐"的生活方式，影响相当大。

人物，也是现代商业杂志的一大卖点。出现在中国当代商业杂志中的"人物"，首先要往"俊男靓女"上靠，以适应"读图"的需要。其次，在个人背景上，要和杂志的定位契合。比如《LADY 都市主妇》杂志，其中的人物就基本上都得是"婚姻中人"。再次，这个人物被报道的人生内容，应该是对杂志所提倡生活方式的某种注解。还以《LADY 都市主妇》杂志为例，其中的人物肯定不是玩世不恭的女性，而往往是正经但又不循规蹈矩、严肃却又充满想象力的——这正是成熟女性读者喜欢的风格。

话题，当然必须有发散性，能引起争论，但更为重要的则是"贴近"杂志的目标市场，能引起杂志所要到达"小众"的兴趣。如《时尚·伊人》杂志曾做过的关于"婚前财产公证"的话题，就很贴近观念追求新潮的都市年轻女性。

这里必须强调的是，上述当代商业杂志的主干内容与传统杂志的对应内容相比，在操作层面是有不少特点的。

首先，当代商业杂志的主干内容往往是编辑、广告、发行联动。主干内容的操作，一般由杂志全体骨干参加的"圆桌会议"，即编辑专家、广告专家、发行专家、印制专家、财务专家和潜在读者来共同定夺。如当一本母婴杂志要做奶粉的专集时，编辑要策划相关报道，广告人员要去联系有关客户，而发行人员也许会提出要求——在杂志包装袋里最好夹一小袋顶级奶粉送给读者，以提高终端发行量……当代商业杂志的编辑、广告、发行是一个生态系统，环节之间相互依存、制约，而杂志的主干内容，不仅是编辑工作的重心，而且是广告和发行工作切入市场的重要"刀口"。

其次，当代商业杂志的主干内容强调图片化，即能用图片说明的就用图片，而且图片力求精美。如《职场穿衣最佳年龄感30岁》一文（《瑞丽·伊人风尚》第110期，2003年7月），用了整整18页的篇幅，介绍30岁职业女性的着装。值得注意的是，这18页全都是身着各类服装的女模特的图片，展示了服装搭配的技巧，以及这些搭配的"附件"——提包、珠宝、手表等，只有在标明每款服装及其"附件"的品牌和价格时，文字才出场。

再次，当代商业杂志的主干内容必须努力超越"可读"层面，进入"必读"的境界。比如，在一本针对有3~6岁小孩母亲的杂志中，《6款漂亮童车》一文，应该算是一个"可读"的内容；而《6款可能夺去你孩子生命的童车》一文，则往往是其目标读者"必读"的。一本成熟的当代商业杂志，其主干内容应该都在目标读者"必读"的水平上。

总之，在这个信息弥散的时代，当代商业杂志的内容诉求，是用自己独有的角度，独有的审美趣味、编辑理念，去观察和表达世界。杂志现在已不仅仅是总编辑的艺术了，而是编辑、广告、发行等相关专业人员，与社会和市场进行碰撞与调和、妥协与反抗的艺术。这在中国也无法例外。

如果说三种主干内容勾画了当代商业杂志的内容轮廓，那么这类杂志的编辑，到底在用什么形式模式（即文体），来处理他们所拥有的大量的材料呢？由于中国当代商业杂志一般都采取企业化运作方式，其编辑的工作任务量相当大，所以能否熟练掌握这类杂志的文体特点，常常成为编辑是否"成熟"的标志。

当代商业杂志的文体大致有四类：[①]

一是服务类文章。这类文章是当代商业杂志的"小工"，数量大，一般出现在常规栏目。如《全面控油宝典》（见《时尚·COSMOPOLI-TAN》，2003 年 7 月号）一文，其内容有关于"控油产品使用流程"的示意图。四个步骤中，每个步骤都介绍了三种美容产品，这三种产品都可以相互取代，读者可以根据各自的喜好进行选择。这就是一篇典型的服务类文章。

服务类文章是针对杂志的目标市场，为特定的小众解决"如何"的问题，又因常包涵作者的倾向性而被称为"选择评论"。如《全面控油宝典》一文中，作者在每个步骤介绍的三种美容产品，就暗含着很强的选择性——在市场上众多的产品中，只让这三种"露脸"。服务类文章最好能让受众通过阅读文章独立解决一个问题（即流行概念"DIY"），就像《全面控油宝典》中提供的"控油产品使用流程"示意图那样。

二是"小人物的大事情"，即写普通人的非凡经历、感受。"大事情"可能是一场夺去若干人生命的水灾，也可能是在街边顺手买了张彩票结果中了 100 万元，反正是将普通人置于他平常力所不及的情景中，写他们与命运的搏斗和抗争。例如，以为广大中小企业服务、反映

---

① J. T. W. Hubbard, *Magazine Editing: How to Acquire the Skills You Need to Win a Job and Succeed in the Magazine Business*, New Jersey: Prentice – Hall, Inc., 1982, p. 23.

并歌颂中小企业家草根式的创业精神为定位的《当代经理人》杂志，就常有许多写得相当到位的"小人物的大事情"。

在"小人物的大事情"里，主人公常常处于意料之外的困境或灾难之中，他们是命运之神掷骰子时无辜的受害者，因而这类文章也时常出现于户外旅游、探险杂志。

三是"大人物的小事情"。"大人物"可以是名人，如频繁出现于杂志封面的影视、体育明星；也可以是不为人所知，但却取得过显著成绩的人，如曾默默无闻地搞"两弹一星"的科学家，以及常年不为人知的"中国的辛德勒"。后一类人的名字虽不是家喻户晓，但他们的事迹可敬、精神可嘉，所以对他们的报道也可以归入此类模式。

写大人物的文章之所以聚焦于他们的"小事情"，是因为受众基本上已从广电媒体或报纸上了解了大人物的成功所在，他们想从杂志上了解的，是大人物何时起床、爱吃什么早餐、有什么生活癖好之类的细节。

四是信息类文章。这类文章的特点，是告诉目标受众能丰富他们生活、知识的细节信息。在发布细节信息方面，当代商业杂志与其他媒体相比，有两个优势因素——展示性和时尚感。例如，《多款牛仔裤的实用搭配》（《瑞丽·服饰美容》2004年9月号），就不仅将大量牛仔裤形象直观地展示出来，而且还用各种搭配组合凸显了牛仔裤的流行点。对特定的服务对象来说，这不仅比商场的货架更丰富，而且比报纸、电视的报道更时尚、实用。

4. 经营上集团化，提高资源配置效率和抗风险能力

20世纪80年代和90年代，美国杂志业出现了集团化趋势。目前，除《读者文摘》《国家地理杂志》等少数杂志外，其他畅销杂志大都归大的集团所有，如时代出版公司与华纳兄弟公司合并，合并后的公司就将《时代》《人物》《生活》《幸福》等著名杂志收归帐下，联动运作。[①]

我国大陆的当代商业杂志在发展的初期，就呈现了相当明显的集团化迹象——《时尚》系列属于时尚杂志社，《瑞丽》系列属于中国轻工业出版社，《计算机世界》《大众机械师》《数字财富》属于 IDG 集团，《新财经》《理财周刊》属于强生，《新周刊》《焦点》属于三九集团……这种趋势目前仍在发展之中。

集团化能使经营实体在编辑、广告、发行、出版等杂志资源链上，处于更有利的位置，拥有更强的与相关企业的议价能力，从而具备更强的竞争力和抗风险能力，所以是大势所趋。

此外，用网络杂志、即时印刷杂志等新形态，适应新技术潮流，也是中国当代商业杂志努力生存的一部分。如新浪网首页上，就曾出现过可免费下载的电子杂志。

（三）文化经济层面的四种策略

当代商业杂志到底通过什么手段，使自己能输出更多的意义、快感和更精准的社会身份，以吸引目标受众呢？

表面上看，中国较成熟的当代商业杂志，各有自己的策略。例如，《时尚》系列杂志的策略是"国际视野，东方神韵"；[②]《瑞丽》系列杂志的策略是"对读者细致入微的体贴。"[③] 从规律性的角度看，中国当代商业杂志在文化经济层面的价值提升策略有如下四点。

---

① 端木义万主编《美国传媒文化》，北京大学出版社，2001。

② 岚子：《〈时尚〉模式——10 年打造一个期刊品牌》，《传媒》2003 年 6、7 期合刊。

③ 李春娅：《〈瑞丽〉成功的秘密》，《出版参考》2004 年 3 月下旬刊。

1. 语言策略

美国哥伦比亚大学的弗雷奇对易读性的研究在这方面最有影响。他在自己的博士论文中，提出了一个易读性的公式。在这个公式里，他指出，句子的长度、人称和连接词三个方面，是影响易读性的因素。后来，他又进一步总结出阅读易读性公式和人情味公式。① 他的研究表明，句子宜短，不要超过 19 个字；人称词越多，人情味就越浓，材料就越有趣。对以汉语出版的中国当代商业杂志来说，这些认识也已成为业内人士信奉的规律。另外，目前中国当代商业杂志的编辑，还往往在文章中更倾向于使用第一和第二人称，即用"你"和"我"来形成材料的对话感；并在可能的情况下，总力图多分段——Word 格式 5 号字 3 行以上就有意识地分段。

2. 情节策略

能否挖掘出叙事的"自相矛盾"点，是能否使杂志文章更吸引人的关键情节因素。例如，泰坦尼克号沉没、肯尼迪被刺、爱德华八世的婚姻等事件，为什么被包括中国当代商业杂志在内的媒体不断地津津乐道？很大程度上就是因为这些故事的情节存在着深刻的自相矛盾——世界最大的巨轮为什么第一次出航就沉没了？贵为美国至尊的总统为什么被刺客那么近距离枪杀？一个国王怎么会为一个离过婚的家庭主妇而放弃江山……正是这些"自相矛盾"点，让此类叙事拥有了经久的魅力。当代商业杂志编辑的主要任务之一，就是挖掘他所面对的稿件情节中最大的"自相矛盾"点。

3. 镜像策略

以市场调查资料为依托，中国当代商业杂志的编辑，一般更倾向于

---

① 〔美〕沃纳·赛佛林、小詹姆斯·坦卡德：《传播理论：起源、方法与应用》，郭镇之等译，华夏出版社，2000。

选择以下五类易读图片：名人、微笑的老人、天真的儿童、美丽的花朵、可爱的宠物。

4. 主题策略

身体常在主题层面隐蔽地形成叙事的强大动力，也就是说，中国当代商业杂志的编辑，总是让身体尽快出场，以便让叙事从社会生活的外部事件进入目标受众的无意识区域，使文章在头几段内就能将读者的注意力留住。"躯体甚至制定了人类想象力的边缘……人类的躯体是人类文化的基石之一"①。

身体主题的出场，基本上有两个方向：与生相关的性，与死相关的暴力。

弗洛伊德认为，压抑是文明的必要代价，如果文明驯服不了暴烈的欲望，基本的社会秩序将分崩离析。而这种压抑，无疑造成了隐伏在人无意识之中的生本能（性）、死本能（暴力）要求得以表达和宣泄的紧张。在通常情况下，社会文明已经有效地制止了无缘无故的性行为和暴力行为，人们的"力比多"能量只能在指定的狭小区域予以排泄——媒体即属于这一"狭小区域"。中国当代商业杂志作为图文表达手段兼具的媒体，在充当这种宣泄渠道的角色时确实是当仁不让。绝大多数这类杂志的封面，早已被穿着暴露、目光暧昧的美女们长期占领，就是它充当该角色不容辩驳的例证。所以，表面上，文质彬彬的中国城市白领是在翻阅花花绿绿的当代商业杂志；事实上，此刻他们的内心正在为自己的欲望制造一个幻想性的满足。

---

① 南帆：《叩访感觉》，东方出版中心，1999。

第二节　当代中国商业杂志的多种评价方法

（一）五种常见的针对某一杂志的评价法

1. 营利能力评价法

由于中国当代商业杂志与传统杂志最本质的区别在于营利模式，即以第二、第三次售卖（卖广告、卖品牌资源）为主要营利模式，而杂志品牌资源售卖目前虽发展很快，但模式尚不非常成熟，所以，"广告额"乃是中国当代商业杂志最核心的营利能力评价指标。

"发行量"是以第一次售卖（卖杂志）为主要营利模式的传统杂志的最核心营利能力评价指标，但这一指标对中国当代商业杂志不适用，因为中国当代商业杂志的第一次售卖往往是亏损的，且为了在整体上的营利，甚至常要控制"发行量"——具体做法是探索一个最有利于"广告额"的"发行量"。

另外，《中文核心期刊要目总览》《中国科技期刊引证报告》《中国学术期刊综合引证报告》和"中国科学引文数据库"这四种目前在国内使用比较广泛的"核心期刊"评价工具，也基本上不适用于中国当代商业杂志，因为已经基本实现市场配置相关资源的这类杂志，其营利能力评价指标已直接、深刻地反映在其受欢迎的程度和存在价值上，此外的其他指标与之相比，都是依附、从属性的。

2. 读者调查意见数据库法

几乎每一本成功的中国当代商业杂志，都非常注重对读者信息的采集、分析与整理。读者调查表一般采用杂志中夹单页的形式，并以在回函中抽奖的方法，促使读者积极回函。

　　调查表中不仅包括读者的年龄、性别、职业、文化程度、家庭住址、通信方式等信息，以及读者对杂志各栏目、各广告的评价，一般还包括对读者购买杂志的习惯和各种消费习惯的询问，如一般在何处购买杂志，经常买哪个品牌的护肤品、哪个品牌的洗发水、哪个品牌的服装，甚至如何理财等。

　　读者回函由专人统计。利用读者对各栏目的评价，可评出当月读者最喜欢的栏目、版式，以及最不喜欢的栏目、版式，以便编辑部调整编辑思路、内容结构。

　　利用读者对各广告的评价，可给美术编辑和广告人员以改进工作的有益信息。

　　而与读者相关的各种信息，如个人资料、品牌消费习惯等的总结，则一方面可指导杂志的编辑、广告、发行工作，另一方面还作为一种信息产品出售给广告公司和消费品厂商。如《瑞丽》杂志就已开始从出售杂志读者的相关信息产品方面获得利润。

　　3. **编读互动栏目煽情法**

　　一般来讲，中国当代商业杂志都有编读互动栏目，而且大多放在目录后前几页的显要位置。但是，要让读者能够敞开心扉，畅所欲言，编辑必须"点铁成金"，在平凡的读者信息中，选取杂志目前最急于了解的，或是杂志具有明显优势的信息点，以煽情的手法叙述或设问，以期读者看到后，能够踊跃发表意见。《三联生活周刊》以及原《LADY 都市主妇》在此种方法的运用上都较为成功。

　　4. **三方座谈会法**

　　如果杂志社急于解决办刊方面的某个问题，那么有针对性地召开座谈会，请典型目标读者、广告客户、发行商来共同对这一问题发表意见，一般都会得到启发，从而有助于问题的解决。当杂志面临改版、定位调整等问题时，这种三方座谈会是必不可少的。

5. **编辑、广告、发行互评法**

定期（可依刊期）组织编辑、广告、发行各自对另外两方面的工作进行评价。从对自己工作影响的角度评说另外两个环节的优缺点，贯彻了换位思考的方法，有助于杂志整体工作的良性互动和整合。

（二）一种创新性的针对两本以上杂志的综合评价法

目前，对比两本以上的当代中国商业杂志，常常是比其广告额和发行量，但当被比较的杂志在不同的方面互有长短时，比较就会陷入困境。例如，《瑞丽·服饰美容》和《时尚·伊人》两本杂志各有所长——前者发行量大于后者，而后者广告额大于前者，双方都说自己是时尚类的"业内领袖"。在这种情况下，如果我们采用一种定量与定性综合的实证对比法，就可以在目前的价值体系内，较为客观公正地为它们分出高下。

所谓实证评价，也就是唯物主义的客观评价，其具体操作要求是遵循当代社会科学的方法，或从某一侧面，或整体系统地观察研究对象，并清楚交代观察和分析的具体操作过程，从而使得评价结果及得到此结果的操作方法，都能付诸他人检审。

在进行具体实证对比前，我们有必要先介绍一下本案例用到的三种量化评价方法。

首先是德尔斐法（Delphi technique），即专家调查法。德尔斐法是美国"兰德"公司 1964 年首先用于技术预测的方法。这一预测方法在社会科学及社会活动中得到了广泛应用，早在 20 世纪 70 年代中期，以德尔斐法为主的专家预测比重就已占 24.2%。[①] 此方法是以匿名的方式通过几轮函询征

---

① 李铁映、张昕主编《预测决策方法》，辽宁科学技术出版社，1984。

求专家的意见，预测负责人对每一轮的意见都进行汇总整理，然后作为参考资料再发给每一个专家，供他们分析判断，提出新的意见。如此反复多次，专家的意见日趋一致，结论的可靠性也越来越高。

此法有几个特点：一是匿名性。为避免专家们易受到心理因素的影响，他们可以参考前一轮的预测结果，修改自己的意见而无须做出说明，无损自己的"自尊"。二是可以随时反馈沟通情况。一般要经过几轮预测，每一轮预测，负责人都要对结果做出统计，并将其作为反馈材料发给每个专家，供下一轮预测时参考。三是预测结果具有统计特性。做定量处理是德尔斐法的重要特点，通常采用统计方法对预测结果进行处理。

其次是问卷调查法，即以问卷方式进行调查的方法。此方法与德尔斐法的主要区别在于调查对象选择的随机性和信息的无反馈性。

再次是模糊数学的 2 级（根据需要可以是 3 级甚至 N 级）综合评判方法。此方法以美国学者扎德（L. A. Zeden）在 1965 年创立的模糊集合论为理论基础，[①] 通过建立因素、备择、权重三个模糊集合，而对研究对象进行综合评判，是一种因素权重与单因素评价的复合作用。

下面我们以《瑞丽·服饰美容》杂志为例，来演示一下综合评价的程序——其中过程、数据均为假想，因我们的目的只是展示这种评价模式，具体数据、评价结果并不重要。对《时尚·伊人》的评价程序同此，故不赘述。

1. 用德尔斐法将《瑞丽·服饰美容》杂志的三种主要工作量化

第一步，专家选择。选择专家是德尔斐法的重要环节。其原则是：拟选的专家指在该领域从事工作 10 年以上的专业人员。按预测任务来选择专家，可以说是最了解某预测对象的人为专家。一般以 10 ~ 15 人

---

① 许仁忠：《模糊数学及其在经济管理中的应用》，西南财经大学出版社，1987。

为宜，选择的专家要自愿参加并能参加整个过程。

本次评价假设在京、沪、穗、深四大城市，选择多年从事杂志制作（副主编以上）或研究（有副高级以上职称）的 10 人为专家，于 2012 年 1 月至 2 月进行两轮调查。总回函率（最后一轮回函人数/初始人数）为 90%（9 人）。

第二步，以下面问卷进行第一轮调查。

《瑞丽·服饰美容》杂志主要工作的量化调查问卷

一、本课题采用德尔斐法进行调查，大约需两轮。

二、本调查的基本思想：女性时尚杂志的成功运作，得益于广告、编辑、发行工作的协调运转。

三、答询要求：1. 本表请独立填写，勿与他人商议。2. 请及时回函。

说明：您认为以下 3 项工作在《瑞丽·服饰美容》的成功运作中，各占何比重？（设总量为 1）

对　　象	评价
广告工作	
编辑工作	
发行工作	

第一轮的回函率为 80%（8 人）。将数据收集整理后，作为轮间反馈资料。供专家第二轮答询时参考。

第三步，以下面问卷做第二轮调查。

《瑞丽·服饰美容》杂志主要工作的量化调查问卷

填写此问卷的几点要求：

一、为您提供第一轮的答询结果，可供参考，可与他人商议，交换意见。

二、可以修正与补充您第一轮答询意见。

三、为了答询方便，如同意第一轮答询的平均值，请您在其后的空白处画"√"就可以了。如果不同意此平均值，请将您的意见写在其后的空白处。

四、本轮调查请在 3 日内回函。以下为调查表。

对　　象	上轮答询均值	√或修正值
广告工作	0.723	
编辑工作	0.152	
发行工作	0.125	

第二轮回函率为90%（9人），将数据收集整理后得到表2。

表2　《瑞丽·服饰美容》杂志各项工作在其成功运作中所占比重（设总量为1）

对　　象	上轮答询平均值
广告工作	0.752
编辑工作	0.165
发行工作	0.083

2. 我们用问卷调查法于2012年1月对全国10大城市的300名阅读过《瑞丽·服饰美容》的各阶层群众进行"《瑞丽·服饰美容》杂志主要工作的评价"函调（问卷如下）

《瑞丽·服饰美容》杂志主要工作的评价问卷

一、请您先了解本调查的基本思想：女性时尚杂志的成功运作，得益于广告、编辑、发行工作的协调运转。

二、杂志的每一项主要工作都用五个等级来评价，请您在相应的格内画"√"即可。

三、请您认真填写，及时回函。以下为调查表。

对　　象	评　　价				
	很多	较多	一般	较少	很少
广告工作					
编辑工作					
发行工作					

本调查回函率为68.9%（200人）。对所得问卷的数据收集整理后得到表3。

表3　《瑞丽·服饰美容》杂志主要工作的评价隶属度

（隶属度即持某意见人占全体被调查人的比例）

对　　象	评　　价				
	很多	较多	一般	较少	很少
广告工作	0.32（64人）	0.615（123人）	0.02（4人）	0.035（7人）	0.01（2人）
编辑工作	0.025（5人）	0.13（26人）	0.20（40人）	0.435（87人）	0.21（42人）
发行工作	0.015（3人）	0.035（7人）	0.21（42人）	0.39（78人）	0.35（70人）

3. 采用模糊数学二级综合评判法对以上调查所得数据进行处理

第一步，进行单因素评价。

（1）建立因素集 U。U = {U1，U2，U3}（见表 4）。

表 4　因素集

指代符	评判因素
U1	广告工作
U2	编辑工作
U3	发行工作

（2）建立备择集 V。V = {很多，较多，一般，较少，很少}。

（3）以对因素 U1 的评判为例，建立权重集 W1。根据第二步程序所得有关 U1 的隶属度得 W1 = {0.32，0.615，0.02，0.035，0.01}。

（4）以对 U1 的评判为例，把定性评语赋值（见表 5）并进行评判计算。

表 5　对第二步调查的 5 个等级以百分制赋值（U1 为例）

	100	80	60	40	20
	很多	较多	一般	较少	很少
U1					

把表 5 数值代入评判公式，得 U1 = V1 × W1 ' + V2 × W1 '' + V3 × W1 ''' + V4 × W1 '''' + V5 × W1 ''''' = 100 × 0.32 + 80 × 0.615 + 60 × 0.02 + 40 × 0.035 + 20 × 0.01 = 84。同理可得 U2 = 46.5，U3 = 35.1。

第二步，进行最终模糊综合评判。

（1）根据评判最终对象建立因素集 U = {《瑞丽·服饰美容》杂志的综合评价值}。

（2）根据 3 第一步所得对《瑞丽·服饰美容》杂志主要工作的量化单因素评价结果建立备择集 $V = \{84, 46.5, 35.1\}$。

（3）根据 1 以德尔斐法所得对《瑞丽·服饰美容》杂志主要工作的比重式量化值建立权重集 $W = \{0.752, 0.165, 0.083\}$。

（4）根据评判公式进行计算得：$U = V1 \times W1 + V2 \times W2 + V3 \times W3 = 84 \times 0.752 + 46.5 \times 0.165 + 35.1 \times 0.083 = 73.75$。

这便是我们以假想调查为基础所得的对《瑞丽·服饰美容》杂志的综合评价值。用同样的方式方法，我们也可以得到对《时尚·COSMO》杂志的综合评价值。两者相较，就在目前的社会价值体系内，较为客观公正地将两本杂志分出了高下。

当我们将上述程序展示完毕之际，同时也为其他任何当代中国大众文本的定性和定量综合对比提供了可能。如果该假想评价成为实际操作的试验，那么可能性就转变为了现实性。

第三节　消费社会享乐本位价值观的声音

依靠广告获得利润的营利模式，决定了当代中国商业杂志的典型目标读者，必须是具有消费广告客户产品能力的人。

1993 年，我国第一本本土当代商业杂志《时尚》创刊时，中国绝大部分杂志还是采用新闻纸内瓤加彩色封面包装的形式，售价在 1 ~ 2 元之间；少数高档杂志也不过是中间多加几个彩页、正文用质地稍好的纸张印刷，价格也就在三五元上下。可《时尚》一开始就卖 10 元的"天价"，并在创刊号中声言，"《时尚》杂志是生机勃勃的最新流行通讯，她将为目前快速扩展的白领阶层打开一个全新的窗口"。

至于"白领阶层"的"最新流行"的内容，《时尚》1996 年第 3

期曾借一位男装设计总监之口具体阐释：西装，至少要有 10 套；便装，春夏秋冬至少各有一件夹克衫或取代西装的短外衣，再为假期准备两件色彩活跃、时髦又舒适的便装；裤子，四季各有 4 条常规颜色的正装西裤，条绒、帆布等质地的休闲裤至少两条；衬衣和领带，从不嫌多，至少要有 7 条领带，其中两条是一流品牌，还要准备 1～2 条领结，2～4 条丝巾，要有一打衬衣。此外，还要准备符合中产阶级身份的外套、运动衣、鞋、袜、内衣手帕配饰以及皮具……

除了赤裸裸的消费社会享乐本位价值观，这种表述还意味着什么？鲍德里亚指出，"消费是用某种编码及某种与此编码相适应的竞争性合作的无意识纪律来驯化他们；这不是通过取消便利，而是相反，让他们进入游戏规则。这样消费才能只身替代一切意识形态，并同时只身担负起整个社会的一体化，就像原始社会的等级或宗教礼仪所做到的那样"①。

通过"消费意识形态"组织起来的"白领/中产阶级"，曾被米尔斯如此描述，"老式中产阶级的本性及其幸福能够从企业家们拥有的财产中获得最好的说明；而职业经济学和社会学则是新中产阶级的本性和幸福的最佳注脚。中产阶级的旧有的、独立的那些部分人的人数下降，是财产集中化的结果；新的工薪雇员的人数上升则归咎于工业结构，它导致了组成新中产阶级的各种职业的出现"②。

作为后发现代化的国家，我国的"白领/中产阶级"与米尔斯所描述的"新中产阶级"至少有两点相同，一是专门化的职业，即他们是部门经理、跨国公司的管理人员、大公司的技术专家、高新技术产业的领导者或组织者等，或是演艺界明星、包工头等；二是

① 〔法〕让·鲍德里亚：《消费社会》，刘成富、全志钢译，南京大学出版社，2000。
② 〔美〕C. 赖特·米尔斯：《白领：美国的中产阶级》，周晓虹译，南京大学出版社，2006。

雇员化，即挣工资的人，虽然他们的工资是"小资"和产业工人所望尘莫及的。

如果说"西装，至少要有 10 套"，是"白领/中产阶级"的消费指南，那么"小资"则一方面仰视、欣赏着这种消费及其价值观，另一方面则作为"白领/中产阶级"的后备军，也作为过着无"品位"生活的产业工人的后备军，而为进入"白领/中产阶级"努力着。

法国社会学家布尔迪厄在 20 世纪 70~80 年代提出了有关"新小资产阶级"的观点，他主要是引入"文化资本"的概念，侧重从社会文化学的角度来探讨这一社会人群。他所理解的新小资产阶级，正凭借其掌握的文化资本和经济资本，进行着一定程度上自主的劳动，保证自己较为充裕的物质生活，但又不会导向资本积累，其经济资本是有限的；而大量的文化资本决定了他们格外重视精神层面上的个性与自我认同，对生活品质的不懈追求和时尚先锋的突出位置，使他们成为受人瞩目的一个群体。

布尔迪厄的观点在 21 世纪的中国也获得了解释效力，例如，中国"小资"曾被描述为：他们享受物质生活，同时也关注精神世界；他们衣食无忧，同时也梦想灵魂富裕；他们追求情调，另类，高雅，他们钟情品位，精致，浪漫；他们是时尚的先行者，是文化消费的主力军。

英国社会学家吉登斯认为，"在现代性的后传统秩序中，以及在新型媒体所传递的经验背景下，自我认同成了一种反思性地组织起来的活动"①。在中国当代商业杂志的启发和构筑下，中国"白领/中产阶级"无疑获得了一种自我认同的力量，而通过中国当代商业杂志仰视中产趣味的"小资"，也在文化身份方面进行了自我组织。也就是说，通过消

---

① 〔英〕安东尼·吉登斯：《现代性与自我认同：现代晚期的自我与社会》，赵旭东、方文译，三联书店，1998。

费社会享乐本位价值观的传播和认同，中国当代商业杂志与"白领/中产""小资"在一定程度上相互建构了对方。

2004 年，中国当代商业杂志拥有四个主要类别：时尚类，广告刊登额 16.81 亿元，占杂志广告总量的 38.30%；财经类 7.52 亿元，占17.12%；生活类 4.42 亿元，占 10.07%；IT 类 3.86 亿元，占8.78%。① 显然，无论是时尚、财经，还是生活、IT，没有消费能力者都不能成为其读者对象，只有能消费得起的"白领/中产"和仰慕这些消费趣味的"小资"，才与中国当代商业杂志相关。

"阅读这一报刊，便是加入这一报刊读者的行列，便是作为阶级象征来进行一种'文化'活动"②。鲍德里亚又一次点拨着我们：由于成功地把握了 20 世纪 90 年代中期以来，中国都市"白领/中产"和"小资"分别在实践上和观念上进入新的消费时代的机遇，中国当代商业杂志正在获得着快速的成长，而成长的途径，便是不遗余力地追求消费社会商品美学的精致化、创意化、品位化，即作为消费社会享乐本位价值观的代言人。

第四节　追溯"象身"：当代中国杂志产业发展报告

当我们从价值学的视域，即价值、评价、价值观的角度，对中国当代商业杂志进行了一番观照之后，很自然地会问一个问题：产生了中国当代商业杂志的中国当代杂志产业，是个什么样子？否则，前述的对其中一个特定类别——中国当代商业杂志的"价值学观照"，便难免有盲

---

① 姚林：《市场进入平稳发展期——析 2004 年报刊广告发展特点》，《中华新闻报》2004 年12 月 22 日。
② 〔法〕让·鲍德里亚：《消费社会》，刘成富、全志钢译，南京大学出版社，2000。

人摸象、只见树木不见森林之嫌。所以，为了构建本项目研究的完整性，我们有必要在一定程度上拓展"价值学观照"的逻辑，而去追溯一下"象身"——中国当代杂志产业的整体概貌。

（一）当代中国杂志产业发展路径：从大众化，到分众化，再到小众化

中国当代杂志业的发展路径，有三个较明显的阶段性：1978～1992年，大众化时代到来，中国杂志业步入"近代"；1993～1999年：市场分众化转型，中国杂志业进入"现代"；2000年至今：分众更细导致"小众化"，中国杂志业融入"当代"。

1. 1978～1992年：大众化时代到来，中国杂志业步入"近代"

1978年，党的十一届三中全会召开，这是我国进入改革开放历史新时期的开始。对中国杂志业来说，1978年也同样是一个重要的年份，它开启了中国杂志发展的一个新纪元——伴随着经济的快速成长，杂志大众化时代来临了。其标志是期发行量达百万份的通俗文化杂志，纷然涌现。杂志广告也以覆盖面广、增幅快的姿态出现；但此阶段杂志的营利模式，是典型的以"第一次售卖"（即卖刊物）为主的模式。

首先是文学杂志的大繁荣。1978年1月，《人民文学》杂志发表了徐迟的报告文学《哥德巴赫猜想》，立即产生了广泛的影响。此后，文学创作禁区被突破，文学作品如井喷般大量涌现，各地纷纷创办文学类杂志。最多时，我国的文学类杂志达600多种，其中以被誉为"四大名旦"的《十月》《当代》《收获》《花城》为代表。

接着是休闲类杂志的出现。1979年1月复刊后的《大众电影》，单期发行量曾高达960万份；首家真正意义上的休闲类杂志《八小时以外》，创刊于1980年；首家老年类杂志《长寿》，创刊于1981年。

此后，由妇联系统创办的《知音》《家庭》《女友》等女性刊物，和由共青团系统创办的《青年一代》《中国青年》《辽宁青年》等青年刊物，单期发行量也都曾超过百万份。

《读者文摘》（后改名为《读者》）《东西南北》《海外文摘》《新华文摘》《中篇小说选刊》等文摘类期刊的出现与活跃，则标志着相同定位的杂志，已经达到了一定的数量，读者在不具备足够的时间、财力等情况下，需要通过阅读文摘类杂志来满足阅读需求。

在 1978 年，我国仅有杂志 930 种，总印数为 7.62 亿册，至 1985 年，我国期刊已迅增至 4705 种，总印数达到 25.60 亿册。不同类别的单期发行量达百万份的通俗文化杂志的产生、发展，是这一发展阶段最具标志性的风景。

中国杂志业的这种急速大众化，在发展态势、营利模式等方面，均与 19 世纪后期至 20 世纪初期国民教育普及、运输事业与通信技术高速发展的西欧，与 1879 年《邮政法》（将杂志邮寄费调整到与报纸相同）颁布后的美国，有很大的相似性。所以，从世界杂志发展史的维度来看，这一发展阶段在某种程度上，可以视为是中国杂志业真正步入"近代"。

作为一种杂志类型，通俗文化杂志，目前仍在我国消费类杂志中占有相当重要的地位，并且仍存在进入的机会，如《格言》《意林》和《特别关注》等杂志在近年的崛起，就说明了这一点。但是，由于其以"第一次售卖"（即卖刊物）为主的营利模式，具有很大的市场局限性——期刊发行量受人口等因素的高度制约，在到达一定市场容量后，增长阈限便会迅速收窄。所以，这类杂志在市场上一枝独秀的日子，没有持续多长时间。

2. 1993～1999 年：**市场分众化转型，中国杂志业进入"现代"**

1993 年 8 月 8 日，《时尚》杂志创刊。这本杂志的领先之处，在于把广告放在了我国杂志经营前所未有的高度——以"第二次售卖"（即卖广告）为主要营利模式。也就是说，"第一次售卖"（卖刊物），只是把信息及对待信息的态度出售给受众，以吸引受众的注意力；"第二次售卖"（卖广告），即把第一次售卖获得的受众"眼球"资源，出售给广告商，以获得广告收入，才是主要营利手段。在此营利模式下，"第一次售卖"甚至可以在一定程度上"亏损"。营利模式的这种调整，使期刊业摆脱了发行量阈限这一掣肘，进入了一个更为宏阔、自由的发展空间。

其实，早在《时尚》杂志创刊前的 1988 年，《世界时装之苑》就已经与世界名刊 *ELLE* 进行版权合作了，但囿于各种因素，其营利模式向"第二次售卖"的倾斜和调整，却是在《时尚》杂志之后。而这种以"第二次售卖"为主的营利模式，此后成了中国杂志业"10 元以上刊"的必然选择。

继《时尚》《世界时装之苑》之后，市场上又出现了《瑞丽》《服饰与美容》等时尚类的成功杂志，此四刊被誉为时尚类杂志的"四大天王"。

由于我国自身的时尚资源和生活经验有限，同时国内杂志界对此类杂志的运作经验缺乏，因此时尚类杂志的代表性杂志，均通过中外版权合作，引进国外杂志的内容和运作模式。以前述的"四大天王"为例，《时尚》从 1997 年起，分"伊人"和"先生"两个专刊出版，随后《时尚伊人》与美国著名女性杂志 *COSMOPOLITAN* 进行版权合作，《时尚先生》与美国著名男性杂志 *ESQUIRE* 进行版权合作；《世界时装之苑》一直与法国 *ELLE* 杂志进行版权合作；《瑞丽》与日本《主妇之友》进行版权合作；《服饰与美容》则与美国 *VOGUE* 合作。

在学习外国成功杂志的办刊理念、出版机制的过程中，"定位"概念开始进入中国杂志界。也就是说，要想采用以"第二次售卖"为主的营利模式，杂志便不能再针对泛化的大众，而必须像普通商品一样，有自己明确的目标客户群（读者定位和广告定位）。因为对于某类商品的广告主来说，受众的结构，比受众的规模更重要，所以有些杂志通过采用全彩色印刷、高档装帧等"形象工程"，以及描述明确的受众群（如《都市主妇》《都市丽人》）等分众化策略，构成了自己独特的对高端品牌的吸引力。例如，我们只要稍仔细观察便会发现，尽管化妆品/浴室用品，在电视上的广告投放也非常活跃，但电视上的广告，往往以大众洗护消费品为主；而在杂志上投放活跃的化妆品/浴室用品广告为主，则多是中高端的护肤/彩妆类品牌。

另外，20世纪90年代中后期，时政类的新闻周刊开始兴起，《三联生活周刊》《新周刊》《中国新闻周刊》等相继创办。新闻周刊的兴起，与互联网在我国的崛起阶段重合，可以说是生逢其时——很多人从互联网上了解新闻，然后从新闻周刊上，了解新闻的深度背景报道和专家观点。通过新闻周刊，杂志与网络形成了互相补充、互相依托的共生关系。

而且，虽属时政类杂志，但新兴起的新闻周刊，都不再是"大众"的，而是有着明确的"分众"概念。例如，1995年创办的《三联生活周刊》，将其目标读者群定位为中国的白领阶层，是一群对中国未来倾注关怀和理解的人；1996年创办的《新周刊》，则将其读者群，定位于中心城市的25～35岁的白领阶层。

新兴起的新闻周刊，基本走上了以"第二次售卖"（即卖广告）为主要营利模式的道路。以"第二次售卖"为主的杂志营利模式，成熟于 20 世纪 20~30 年代"名刊辈出"时期的美国——《时代》（*TIME*）1923 年创刊、《商业周刊》（*BUSINESS WEEKLY*）1929 年创刊、《新闻周刊》（*NEWSWEEK*）1933 年创刊。20 世纪 50 年代中后期"周刊潮"时期的日本——1956 年《周刊新潮》创刊后，以妇女和儿童为目标读者的周刊开始涌现。

我国此阶段的期刊业发展，体现出了分众化、"第二次售卖"为主的营利模式出现并迅速推广等特点，从而显示出了与国际"现代"杂志业接轨的特征。

3. 2000 年至今：分众更细导致"小众化"，中国杂志业融入"当代"

1998 年 4 月 18 日，《财经》杂志创刊，起初影响有限。但该刊在其 2000 年的 10 月号上，刊出了封面文章《基金黑幕》，并随后刊出了一系列"揭黑报道"，在资本市场上，进而在社会舆论中，引发了非常强烈的反响，从而开辟了一个时代：中国杂志开始以其"小众"定位（如《财经》杂志的读者定位，最初是"对经济生活有所影响的决策者"，后调整为"关心中国这个转轨经济进程的精英"），和卖刊物、卖广告之外的卖"品牌资源"（如《财经》杂志成为了"揭秘"的代名词），而获得成功。

继《财经》《财经界》发轫后，有《新财经》跟进，又有《时代财富》《新财富》《数字财富》等雨后春笋般冒出，《中国企业家》等老牌杂志也开始向财经类期刊转型。财经杂志此后在中国杂志市场上，虽然也屡有被淘汰的，但总体蓬勃兴旺，创刊冲动一直延续至今——2008 年 9 月《创业家》创刊、2009 年 9 月《商业价值》创刊、2010 年《财经国家周刊》创刊，就是这种状况的注脚。

从 2000 年起，时尚杂志社"小众化"的步伐也开始加快，至目前已有主办期刊《时尚伊人》《时尚先生》《时尚家居》《时尚旅游》《时尚健康·女士》《时尚健康·男士》，合办期刊《时尚芭莎》《华夏地理》《钟表·时尚时间》，且是《好管家》《座驾》《男人装》《美食与美酒》的广告、发行总代理。可见，其横向扩展的"小众化"思路非常明显。而且，时尚杂志社还先后成立了自己的广告公司、书刊发行公司、网络公司以及制版公司，在杂志产业链的纵向也实现了全面扩展。横向、纵向扩展的自然结果，便是集团化。

经过几年的发展，瑞丽杂志社也实现了定位小众化，经营集团化。其旗下的女性化妆服饰指南杂志，由最初的 1 本细分为 3 本：针对工作前青春一族的《可爱先锋》版，针对 30 岁以前职场女性的《服饰美容》版和针对 30 岁以上成熟职业女性的《伊人风尚》版。经营方面，该杂志也配置了自己的广告公司等。

虽然我国第一个正式挂牌的杂志集团，是 2002 年成立的家庭期刊集团，随后又有知音期刊集团、读者期刊集团相继挂牌，可没正式挂牌、实际上已达到集团规模的，还有经营《时尚》系列的时尚集团，经营《瑞丽》系列的瑞丽集团，经营《财经》《证券市场周刊》的财讯传媒集团，经营《计算机世界》系列的 IDG 集团，经营《世界时装之苑》《嘉人》的法国桦榭菲力柏契媒体集团，经营《服饰美容》的美国康泰纳仕集团等。

杂志经营的集团化，一方面增强了其经营更细分小众市场的意识、操作能力，另一方面使其品牌资源的积累和售卖（即杂志的"第三次售卖"）更受重视。

前一方面的典型例证是，近两年来，各杂志集团纷纷推出了争夺更细分市场的男性刊物：2008 年 5 月，财讯传媒集团推出了男性时尚杂志《他生活》；2008 年 7 月，时尚集团推出《芭莎男士》；2009 年 1 月，法国桦榭菲力柏契媒体集团推出《摩登绅士》；2009 年 3 月，瑞丽集团的《男人风尚》创刊；2009 年 10 月，美国康泰纳仕集团推出《智族 GQ》。这些刊物其实都在争夺同一个细分的"小众"市场——有相当经济基础、成熟且成功的男性。

对品牌资源积累和售卖的高度重视，较典型地体现在近年新崛起的动漫类杂志身上。与前述各类期刊相比，动漫类杂志的发展，显得政策性因素更重。1995 年，面对欧美、日本等境外动漫产品占领中国市场的现实情况，中宣部、新闻出版署联合启动"中国儿童动画出版工程"（简称"5155 工程"），开始有意识地控制境外动漫产品的引进和传播，并大力提倡本土原创动漫产品。随后，"5155 工程"扶持的《少年漫画》《漫画大王》《北京卡通》《中国卡通》《卡通先锋》等 5 本漫画刊物先后创刊。但是这批杂志大都没有成功地市场化，并于 2006 年前后集体步入低谷，纷纷停刊、休刊或转入低幼漫画市场。

进入 21 世纪以来，《幽默大师》《漫画世界》等幽默漫画杂志，以及《小公主》《米老鼠》《新蕾·STORY100》等针对不同年龄层的"小众化"漫画杂志，渐成动漫类杂志的"领头羊"，于是原创漫画又成为新闻出版总署的扶持重点。在 2007 年原创动漫作品扶持项目公示的 42 项名单中，包括两种杂志，分别是《知音漫客》和《漫画派对》。

由于动漫类杂志，一般不具备足以吸引杂志广告主的"高档"品相，所以进入市场后，大多以局限性较大的"第一次售卖"为主要营利模式。但市场因素迫使该类杂志，更重视寻找产业链上的其他营利方式。经过几年的运作，一种通过杂志连载，发现有市场价值的图书资源，然后推出图书，并用杂志对相关图书产品做后续品牌维护服务，以延伸品牌价值，更重视"第三次售卖"的营利模式，已经较为成熟。例如，《漫画世界》杂志成功策划出品了《乌龙院》《爆笑校园》《兔子帮》等幽默漫画图书。《知音漫客》和《漫画派对》等杂志，也通过这种营利模式多有斩获。

另外，我国一些知名的财经杂志，利用自身品牌资源，策划了各种排行榜及颁奖活动，比如《中国企业家》杂志的年度 25 位中国最具影响力企业领袖、年度中国企业"未来之星"年会；《销售与市场》杂志的年度中国营销盛典、年度中国金销奖、金鼎奖；《经理人》杂志的年度最佳 MBA 排行榜、EMBA 排行榜等，也是近年来探索出的有效期刊"第三次售卖"方式。

杂志的"第三次售卖"，即出售杂志的品牌资源、利用品牌资源发展的衍生产品，目前在我国已发展出如下几种方式：重印或出合订本、特刊、增刊、图书和光盘、客户名单，建立数据库、网站，举办会展、论坛，进行品牌授权等。

在新媒体的挤压和相互建构下，中国杂志业顺应了国际期刊业的小众化、重视"第三次售卖"的发展趋势。这表明中国杂志业已经融入了"当代"世界杂志业，或者说，中国杂志业已经是"当代"世界杂志业越来越重要的部分——2008 年，中国杂志的年广告经营总额（第二次售卖）已经在 50 亿元左右，① 2008 年杂志定价总金额（第一次售卖）为 187. 42 亿元，② 加上尚无统计资料的第三次售卖金额，整个行业年总收入应该在 240 亿元以上。

虽然挂一漏万，但上述回顾仍较清晰地表明，中国期刊业用最近 30 年的时间，走过了发达国家杂志业的百年历程。

---

① 王国庆：《中国期刊改革现状及趋势》，http://www.interhoo.com/content/4827.aspx，2009 - 12 - 13。

② 国家新闻出版总署：《2008 年全国新闻出版业基本情况》，http://www.gapp.gov.cn/cms/html/21/464/200907/465083.html，2009 - 7 - 16。

（二）突进中的回旋：2008～2009 年中国杂志产业报告

2009 年 8 月 24 日，一个标志性事件的发生，对凸显当下中国及世界杂志产业的状况，极富象征意义：这一天，拥有全球最大销量的期刊《读者文摘》，在美国正式申请破产保护。消息传来，该刊在中国地区的总经理，于第一时间发布声明，称美国总部的财务重组，对其中国区业务发展没有任何影响——《普知 READER'S DIGEST》（即《读者文摘》中文版），继 2009 年 4 月在中国市场推出《读者文摘》1987 年历史上第一个加大新装版后，发行数据持续增长，目前每月的发行量近 50 万册；并且，《读者文摘》在中国有一个"新征途计划"，内容涉及健康、女性、美食等诸多方面，而构建包含新媒体业务在内的整合媒体平台，将是《读者文摘》在中国的发展方向……

可见，在以发达国家为主体的世界杂志市场，正经历阵阵破产寒潮的时刻，中国杂志产业的发展却总体平稳。当然，与在新世纪最初几年的高速"突进"相比，2008～2009 年的中国杂志产业，在发展速度方面有所回落，正经历一种"突进中的回旋"。

1. 2008～2009 年中国杂志产业发展概况：**总体以窄幅增长，但逆差扩大**

（1）出版规模：各项指标窄幅增长，定价总金额增幅成亮点。新闻出版总署公布的《2008 年全国新闻出版业基本情况》显示，2008 年全国共出版杂志 9549 种（见表 6），定价总金额 187.42 亿元。与 2007 年相比，种数增长 0.86%，平均期印数增长 0.42%，总印数增长 2.1%，总印张增长 0.03%，定价总金额增长 9.65%。

表6 2008年全国杂志出版基本情况统计

	2008 年情况				与 2007 年相比变化情况			
	种数 （种）	平均期印数 （平均每种期 印数）（万册）	总印数 （万册）	总印张 （千印张）	种数 （%）	平均期印 数（%）	总印数 （%）	总印张 （%）
合计	9549	16 767	310 500	15 798 000	0.86	0.42	2.1	0.03
综合	479	2011 (4.2)	44 719	2 059 737	0	1.36	0.7	-3.76
哲学、社 会科学	2339	5890 (2.52)	103 464	5 144 947	0	1.17	4.18	4.73
自然科学、 技术	4794	3319 (0.69)	48 171	3 151 453	1.72	0.15	2.18	2.78
文化、 教育	1175	2824 (2.4)	55 418	2 777 788	0	2.47	1.95	-2.37
文学、 艺术	613	1539 (2.51)	33 203	1 771 733	0	-3.09	-0.95	0
少儿读物	98	1052 (10.73)	23 083	667 370	0	-3.31	2.58	-0.33
画刊	51	132 (2.59)	2432	225 269	0	-8.97	14.97	-41.89

资料来源：新闻出版总署公布的《2008年全国新闻出版业基本情况》。

（2）出版结构：半月刊、月刊是市场主角，对市场敏感的消费类期刊比重低。从出版周期来看：根据中国发行网发布的"2008年中国杂志发行量排行榜"（见表7），目前在市场上占主导地位的期刊出版周期类型，是半月刊和月刊。

表7 2008年中国杂志发行量排行榜

单位：万册

排名	期刊名称	发行量	出版、统计周期
1	半月谈（含时事资料手册）	450	半月刊、期发量
2	读者（含乡村版）	500	半月刊、月发量
3	知音	423	半月刊、月发量

续表

排名	期刊名称	发行量	出版、统计周期
4	故事会	372	月刊、期量量
5	时事报告（中学、大学版）	370	月刊、期发量
6	家庭	305	半月刊、月发量
7	第二课堂	280	半月刊、月发量
8	青年文摘	213	半月刊、月发量
9	家庭医生	192	半月刊、月发量
10	小学生时代	160	月刊、期发量

资料来源：中国发行网。

　　从杂志种类看：在 2008 年，我国面向有专业背景读者的专业类杂志（包括哲学、社会科学类，自然科学、技术类）合计 7133 种，占杂志总量的 74.70%；而面向普通读者的消费类杂志（包括综合类，文化、教育类，文学、艺术类，少儿读物类，画刊类）合计 2416 种，只占杂志总量的 25.30%。

　　在发达国家的杂志市场，消费类杂志均占主角，例如，2002 年，美国消费类杂志占其杂志总量的 50.89%；德国的这一数字是 38.39%；英国的这一数字是 37.54%；日本 2003 年的这一数字是 57.76%。[①]

　　可见，面向普通读者的消费类杂志比重低，是我国杂志市场的一个结构性问题。

　　新闻出版总署公布的统计数据（见表6）也证实，在 2008 年金融危机席卷全球的情况下，我国的专业类杂志，市场敏感度较低，其平均期印数、总印数、总印张均呈增长态势；而面向普通读者的消费类杂志，则市场敏感度较高，其中的综合类和文化、教育类期刊，平均期印数、总印数窄幅增长，但总印张下降；消费类杂志中的文学、艺术类，

---

　　①　资料来源：Fipp/Zenithoptimedia World Magazine Trends 2004/2005。

少儿读物类及画刊类，是高市场敏感类型，在 2008 年均有两项以上的主要指标下滑。

（3）营利模式：整个产业对第一次售卖高度依赖，但时尚类、财经类表现不同。如果我们以前述中国期刊业年定价总金额（第一次售卖）、年广告经营总额（第二次售卖）的数据为逻辑起点，那么就会发现，目前第一次售卖和第二次售卖之比为 3.75：1，可见，中国期刊业还是一个高度依赖第一次售卖的产业。

在 2008 年，美国杂志业的发行和广告收入，分别为 100 亿美元和 250 亿美元，[①] 其第一次售卖与第二次售卖之比为 1：2.5。这与我国杂志业差异相当大。而 2002 年，日本杂志业的发行收入是 13 615 亿日元，[②] 广告收入是 4051 亿日元，[③] 其第一次售卖与第二次售卖之比为 3.36：1。这是与我国目前的杂志业相当接近的状态。

美国和日本都是杂志市场最发达的国家，而就其本身而言，杂志业第一次售卖与第二次售卖的状态，也是不同的。所以，有相当多的业内人士，根据美国市场与我国市场，第一次售卖与第二次售卖所占比重的不同，而断定我国杂志市场营利模式上的落后，是以我国杂志市场将必然与美国市场趋同为潜台词的，可从目前日本的情况看，这显然难以获得事实上的支持。

从具体杂志类别来看，在"2008 年中国杂志发行量排行榜"（见表 7）中，时事类（《半月谈（含时事资料手册）》《时事报告（中学、大学版）》），教育类（《第二课堂》《小学生时代》），文摘类（《读者

---

① 《从数据解读中国期刊发展趋势：发展呈现"屋顶现象"》，http：//bbs.cqvip.com/show-topic - 629113.aspx，2009 - 11 - 27。

② 川井良介：《现代日本的杂志》，《中国编辑》2005 年第 3 期。

③ 资料来源：Fipp/Zenithoptimedia World Magazine Trends 2004/2005。

（含乡村版）》《青年文摘》），大众文化类（《知音》《故事会》《家庭》）和面向大众的科技类（《家庭医生》），在杂志第一次售卖中占有优势。

　　从"2009 年 10 月平面媒体广告总量杂志前 10 强"（见表 8）中，可以看到优秀的女性时尚类（前 8 位）杂志，和顶尖的财经类（《财富（中文版）》）、男性时尚类（《时尚先生》）杂志，在第二次售卖中占有优势。

表 8　2009 年 10 月平面媒体广告总量杂志前 10 强

单位：%

排名	媒体名称	市场份额
1	世界时装之苑	6.86
2	时尚芭莎	6.69
3	时尚伊人	5.43
4	服饰与美容	4.58
5	瑞丽服饰美容	4.47
6	瑞丽伊人风尚	4.16
7	嘉人	2.79
8	悦己	2.66
9	财富（中文版）	2.06
10	时尚先生	1.83

资料来源：《中国报刊广告市场（月度）研究报告》。

　　（4）读者状况：1 幅素描和 7 种类型。《中国期刊年鉴（2008 年卷）》，为我们提供了这样一幅中国杂志读者的素描：年轻化，高学历，有工作，高收入。其中杂志读者的年轻化，在美国也得到了统计学的印证。[①] 而且，从市场购买杂志的读者中，39.3% 是男性，60.7% 是女性，

---

① 资料来源：The Magazine Handbook 2008 ~ 2009。

女性读者占据着读者群的主导地位！

IT、汽车、体育杂志，其读者中男性占 80% 以上，故具有明显的"男性杂志"特征；财经、新闻期刊，其读者中男性占 60% 左右，属于"偏男性杂志"。

时尚类杂志的女性读者占 87.1%，故它是典型的"女性杂志"；娱乐、休闲、知识类杂志，女性读者占 60% 以上，属于"偏女性杂志"。

IT 类杂志的读者中，35 岁以下者高达 84.7%；时尚、体育和知识类杂志，35 岁以下的读者比例，也都达到 70% 以上，故这四类属于"年轻人杂志"。而健康、休闲类杂志，读者中 35 岁及以上者比例则略高一些，应该属于"偏中年人杂志"。

在各类杂志中，读者文化程度最高的是财经类、航空类和 IT 类，其读者大学及大学学历以上学历者，比例分别高达 74.5%、73.5% 和 71.0%，所以这三类杂志可以叫"高学历杂志"。

为特定的人群，定制特定期刊的"小众化"策略，已成为期刊面向未来发展的趋势之一，因此有助于细分市场操作的相关期刊读者的特征调查，正越来越受重视。

（5）杂志进出口情况：逆差扩大，WTO 的裁决进一步强化了逆差预期。近年来，中国已有 62 种杂志与国外同行开展了版权合作，[①] 其中绝大多数是版权引入，只有《知音》《中国国家地理》等个案是版权输出。

新闻出版总署的统计表明，2008 年，我国杂志出口 46098 种次、92.05 万册、218.13 万美元，与 2007 年相比，种次下降 8.08%，数

---

① 李东东：《中国出版业对外合作步伐不断加快》，http://www.chinaxwcb.com/index/2009-11/25/content_184566.htm，2009-11-25。

量下降 60.93%，金额下降 38.50%。其中数量和金额的大幅下降，有金融危机的外部环境因素，也有我国杂志业国际竞争力缺乏的因素。

2008 年，杂志进口 53759 种次、448.86 万册、13290.74 万美元，与 2007 年相比，种次增长 26.11%，数量增长 5.69%，金额增长 18.79%。其中种次和金额的大幅上升，说明我国杂志市场对高端产品的需求，越来越强劲。

当年，杂志进出口逆差为 13072.61 万美元。与 2007 年相比，进出口逆差额增加 2239.19 万美元，增幅为 20.67%。

2009 年 8 月 12 日，在就保护美国图书、音乐以及电影的对华出口问题上，世界贸易组织（WTO）裁决称，中国政府不得硬性要求美国知识产权所有者，只能与政府控管的公司做交易。尽管中方可能会就此裁定进行上诉，但业内人士预期，中国可能将不得不放宽对影音产品、杂志进口的限制。这对中国杂志业进出口多年来存在的逆差现象，有进一步强化作用。

2. 2008～2009 年中国杂志业特征：政策、媒介业环境变化，引发杂志产业链诸环节革新

（1）随着体制改革的推进，区域产业集群趋向初露端倪。关于含杂志业在内的新闻出版体制改革，新闻出版署有个"四步走"规划：第一步，推进公益性新闻出版单位体制改革，构建新闻出版公共服务体系；第二步，推动经营型新闻出版单位转制，重塑市场主体；第三步，推进联合重组，加快培育出版传媒骨干企业、战略投资者；第四步，引导非公有出版工作室健康发展，发展新兴出版生产力。

2009 年，是大力推进 158 家中央在京出版社、103 家高校出版社改革进程的"攻坚年"，至 2010 年年底，相关出版单位将全面完成转制任务。也就是说，目前正处于第二步的从攻坚到收官、第三步的从布局到发展的阶段，还远没走到第四步。

由于杂志业经营主体企业化后，真正的并购、重组成为了可能，而且，由于杂志业的发展与城市化进程高度正相关，所以现在已有一些中西部地区的杂志迁入北京、上海；还有更多的其他区域杂志，以多种形式在北京、上海、广州等地设置工作室、运营中心，从而露出了中国杂志区域产业集群趋向的端倪。

虽然以北京为代表的京津环渤海地区、以上海为核心的长三角地区、以广州为代表的珠三角地区之外，目前还有些地区的杂志业也比较发达，如兰州有读者出版集团，武汉有知音传媒集团等，但无论从杂志存量、还是从发展趋势上看，京、沪、穗三大地区，由于在人口素质、人口规模、人口迁移趋向等方面，具有显著优势，所以在今后一段时间内，这三个地区最有可能形成中国杂志业的区域产业集群。

（2）以纸质杂志为利基的新媒体构建，使杂志概念扩展，行业发展获得新空间。在新媒体迅猛发展的语境下，杂志的概念，已从"连续出版物"向"连续传播物"扩展。例如，2008～2009 年在金融危机冲击下，美国就有多种杂志停印了纸质产品，而只保留线上产品的出版和经营。因此，杂志办网站、无线产品等新媒体，从纸质杂志的角度看，是在发展其第三次售卖，即出售品牌及品牌衍生产品，而从行业发展的角度来看，完全可以视为杂志概念和业态的扩展。

目前，以纸质杂志为利基的新媒体构建呈现出两种趋向：传播方式的网络化、无线化和内容生产的数据库化、图片化。前者如瑞丽女性网、财经网等杂志网站，已经发展成为各自领域内颇具影响力的垂直门户网站；以 PC 为载体的电子杂志，近年来飞速崛起，又连遭挫折；手机杂志随着 2009 年我国 3G 牌照的发放，已成为新一波方兴未艾的数字出版力量。后者如中国知网、龙源期刊网等期刊内容集合平台，正处于快速发展中，受到了越来越多用户的青睐。

从媒体互动的角度看，一方面，以杂志为利基的新媒体中的较成功者，往往有其纸质期刊的"基因"，如瑞丽杂志社办的瑞丽女性网、电子杂志、彩信产品、WAP 产品，就都有"实用的时尚"，这一纸质杂志的内容特征，并因此在相关新媒体类别中，显现出了独特优势；同时，相关新媒体产品，还发展出了并不与《瑞丽》纸质杂志完全重合的读者群、广告客户群。

另一方面，杂志业内容生产的数据库化、图片化，使纸质期刊生产的成本、行业进入门槛有所降低，也就是说，原来纸质杂志内容生产的瓶颈环节——针对特定读者群的高质量文字、图片的获得，在海量文字内容数据库、图片搜索引擎的发展过程中，都逐渐被扩充。原来需由较庞大的专业团队，才能完成的内容获取工作，现在已经可由规模较小、专业化程度较低的团队来完成了。

所以，表面上看，随着人们阅读习惯、获取信息习惯的改变，传统纸质杂志遭受着新媒体的挤压和挑战，但实质上，杂志业正通过以纸质杂志为利基的新媒体构建，使自己的概念和业态扩展到了新媒体。这不仅使整个杂志业，在产品品牌延伸（第三次售卖）方面赢得了新空间，而且使原有纸质杂志产品，获得了新的成本和行业进入优势。

（3）"生死之间"所显露出的社会变迁、流行运作策略。2008～2009 年，我国新增加的杂志品种，主要有两类：一类是随着社会、科技、文化的发展，某些新领域、新学科根据自身需要，衍生出一批新的刊物，如《金色年代》《中国再生资源综合利用年鉴》《文化纵横》等；另一类是新的刊社以"高端小众化""挖掘空白点"等策略进入市场，以期打开新的局面，如《商业价值》《国家财经周刊》《锦绣》等。

2008 年 1 月创刊的《金色年代》，被誉为我国第一本"老资格公民"生活类杂志。这是一本基于我国都市人口迅速老龄化的社会发展形势衍生出的新生活方式指导刊物。

2009 年 9 月创刊的《商业价值》，则是面向高端商务人士的"高端小众化"期刊。该刊纸质杂志创刊的同时，还通过官方网站和官方博客发布杂志电子版。

于 2010 年元旦后面世的《锦绣》，首创"国家商业地理读本"概念，力图打通商业、地理、时尚、人文、新媒体诸领域，挖掘出相关领域融合处的"空白点"，创造出不一般的阅读体验。

但 2008～2009 年真正耐人寻味的创刊故事，是一个并无办刊经验的 2007 年才毕业的大学生，于 2008 年 9 月，创办的一本面向大学生的 DM（免费直邮）杂志——《尚大学》。该刊主要登载校园生活、励志故事、求职和消费信息等跟大学生有关的信息；广告客户有偶像艺人培训公司、中国电信、留学机构、量贩 KTV 等。该刊截至 2009 年 9 月，共出了 4 期，前 3 期保本，第四期推出的新生特刊，广告销售额达到 60 万元，净赚了 30 万元！

可见，如果我们把目光从报刊亭移开，从已被那些成功杂志把门槛抬得较高的传统编辑、发行渠道移开，中国杂志业还有太多的空白点、处女地，在向准备进入这一行业的人招手！

有生就有死，创刊和停刊从来就是杂志业发展的常态。在 2008～2009 年停办的杂志，基本上可分为三类：第一类是随着社会发展，一些已失去了原有的市场基础的期刊，如《中国编织（中外服装）》《电池商讯》等；第二类是曾一度受市场青睐，但没能持续发展，结果被市场淘汰的期刊，如《体线》《格调（单身志 Miss）》等；第三类是虽然身处热门领域，但因经营不善，一直处于各小众市场末流的期刊，如

《车》《俏佳人》《安 25ans》等。

（4）杂志业向资本市场的进军，迈出了实质性步伐。加入 WTO 后，中国杂志业对内、外资逐步开放。目前，杂志的投资模式，主要有版权合作、经营权租赁和共同投资三种。资本市场的有限开放，使得民资和外资开始介入杂志的经营性资产，即杂志的广告、发行等领域。这逐渐使杂志业成为了中国传媒业中，相对最为开放、市场化运营程度最高的行业之一。在 2008～2009 年，中国杂志业向资本市场的进军，又迈出了实质性步伐。

2009 年 1 月，新闻出版总署正式批复，同意以四川党建期刊集团为主，联合四川新华文轩连锁股份有限公司，共同发起组建四川期刊传媒（集团）股份有限公司。2009 年 11 月，该公司挂牌成立，"中国期刊第一股份公司"诞生。这种将转企、改制、股份制改造融为一体的实验，在全国具有积极的示范效应。而且，该公司声言，要力争在 3～5 年内挂牌上市，努力成为"中国期刊第一上市股"。

2009 年 12 月，由读者出版集团为主发起人，联合中国化工集团公司、时代出版传媒股份有限公司、甘肃省国有资产投资集团公司、酒泉钢铁（集团）有限责任公司四家国有大型企业，共同发起的读者出版传媒股份有限公司，在兰州成立。由此，也拉开了读者出版集团实现上市目标的序曲。

2008 年 11 月上市的时代出版传媒（上海交易所代码：600551），是我国出版业第二家上市公司（辽宁出版传媒是第一家），其下属 11 份杂志 1 年来的运作成绩，确实令人对新的机制刮目相看。上市之初，该公司的 11 家期刊中，1/3 赢利，1/3 持平，1/3 亏损。经过 1 年的整合，该公司杂志业务的利润，2009 年比 2008 年增长了 15%～20%，亏损期刊 1 本也没有了。①

组建股份公司，接着努力上市，看来将是中国杂志业在今后一段时间内，向资本市场进军的主旋律。

（5）产业链上的新关键词：网络发行量、手机杂志广告、全环保纸、CTP 印刷。在杂志业态向新媒体扩展的过程中，由于网络阅读平台具有内容集成性、服务多样性等特点，目前已成为杂志网络传播的主要营销渠道。2009 年，国内阅读 TOP100 杂志的付费阅读量，为 1600 多万次，仅这一数字就超过了 2008 年国内杂志付费阅读的总访问量；而海外 TOP100 杂志的付费阅读量，也达到了 140 多万次。② 由此可见，杂志网络阅读平台，越来越受读者欢迎。这种形势促使"网络发行量"概念，开始受到重视。

杂志"网络发行量"的迅速扩大，可稀释杂志传播的成本。纸质杂志在发行量增大的同时，印刷、物流等各种成本也会相应增加，从而呈现出边际效益递减之势。但杂志网络传播的成本非常低廉，发行 10 份和 10 万份的成本，几乎没什么变化。而且，对于杂志经营单位来说，加大对杂志网络发行量这一概念的宣传，对于吸引更多的广告客户，具有重要价值。所以，"网络发行量"在杂志产业链中的分量已越来越重。

除网络阅读平台之外，手机杂志是在杂志业态向新媒体扩展的另一重要方向。艾瑞咨询发布的《2009 年中国手机媒体营销价值研究报告》显示，手机杂志已成为目前手机用户最常订阅的内容之一。2008 年，

---

① 陈香：《时代出版：上市出版公司的第一年》，http：//www. gmw. cn/01ds/2009 – 11/25/content_ 1013372. htm。

② 龙源期刊网络传播课题研究组：《2009 期刊网络传播：媒体变局中的期刊蓝海》，http：//finance. sina. com. cn/chanjing/sdbd/20091217/17277119313_ 4. shtml。

中国手机杂志用户规模达 3100 万，同比增长 72.2%；2009 年，中国手机杂志用户规模达 6400 万，手机杂志广告投放达 5 亿元，是仅次于 WAP 广告投放的第二大无线广告市场。这个规模，已接近纸质杂志广告额的 10%！而且，其中品牌广告占了绝大多数。

新媒体之外，2008～2009 年的中国杂志业，还出现了"绿色"新理念。从产业链的角度来看，这个新理念的实践，主要体现在印刷环节中。

2008 年 3 月刊的《时尚先生》，推出了全环保纸杂志。据杂志社宣传，此举挽救了 7800 棵大树，节约了 12 万公斤煤、12 万度电、9 万吨水，减排了 20 吨二氧化碳。虽然该刊的印刷，因此而增加了成本，而且此期之后，《时尚先生》又恢复了铜版纸印刷，但此举确是中国杂志业"绿色"新理念的一个实践性回应。

与某期杂志采用全环保纸印刷相比，在印刷环节推广 CTP 技术，则是杂志业实践"绿色"新理念的更有效举措。所谓 CTP 技术，就是从计算机到印版的技术（其中没有了传统印刷中的胶片），已成为印前领域发展最快、影响最大的高新技术之一。在杂志印刷环节推广 CTP 技术，可提高印刷品质、效率，并能节省人工、耗材等，所以 CTP 印刷，已成为跻身杂志产业链的新关键词。

3. 当下中国杂志产业的问题与政策建议

（1）核心瓶颈问题与解决路径：借鉴制造业先"增量改革"的成功经验。即将全面推进的报刊业改革路线图是，把全国报刊分为时政性、非时政性两类；坚持审批准入、主管主办、属地管理的原则；通过今后两年的努力，实现做强做大一批、整合重组一批、停办退出一批的改革目标。这是一个典型的"存量改革"的路径。

沿着这种改革路径，我国杂志业的核心瓶颈问题——如何做强做大，能够解决吗？

众所周知，中国 30 年来经济体制改革的最独到之处，就在于先"增量改革"，再解决"存量问题"。即先通过制度释放，在计划体制之外，大力发展市场经济；以形成的"增量"，来加速推动市场主体的形成和市场机制的发育，从而在原有体制外，形成一个有效竞争的市场环境；这样，在对"存量"进行产权改革的时候，所造成的冲击，就基本可以被"增量"消化了。此改革路径，使我国在保持社会基本稳定的前提下，成为了"世界工厂"。

与我国不同，苏联东欧经济体制的市场化改革，则走了直接"存量改革"的路径。至今，这两种改革路径的实践效率，已经由两者明显不同的经济增速所说明，在此无需赘述。

做强做大，打造文化产业的"世界工厂"，是包括杂志业在内的新闻出版业体制改革的宏伟目标。既然目标与制造业的经济体制改革近似，为什么文化产业的体制改革，不去借鉴我国过去 30 年探索的成功经验，而去走另一条已被实践证明了的低效率改革路径呢?!

如果我们借鉴制造业的先"增量改革"的成功经验，那么前述新闻出版体制改革的"四步走"规划中的第四步——引导非公有出版工作室健康发展，发展新兴出版生产力，就应该前移至第一步或第二步，因为先形成"增量"，是这一改革路径的前提和关键。

在新闻出版体制改革路径的这种探索性调整中，杂志业因在我国传统媒体产业中规模最小（从定价总金额看，2008 年图书是 791.43 亿元，报纸是 317.96 亿元，而杂志仅为 187.42 亿元），① 管控便利（出版周期较长、目前仍以纸质业态为主），完全可以作为"增量改革"模式

---

① 晋雅芬：《或增或降，从数据解读中国报刊发展趋势》，http://www.chinaxwcb.com/xwcbpaper/page/1/2009－09－01/05/92411251743476562.pdf。

的"试验田"，为整个传媒业的改革摸索经验。

（2）杂志业最大存量资产的盘活：学术、行业杂志的改革。虽然实践证明，高效的市场化改革路径，是先"增量改革"，再解决"存量问题"，但这并不妨碍我们将盘活"存量资产"问题纳入思考视野。如前所述，在2008年，我国并不面对普通消费者的学术、行业杂志（包括哲学、社会科学类，自然科学、技术类），占杂志品种的74.70%。可见，这是目前杂志业最大的一块"存量资产"，如何、能否盘活，事关全局。

从我国学术、行业论文的质量来看，中国科学技术信息研究所的统计数据显示：2008年度中国SCI论文数首次突破10万篇，总数为11.67万篇，较2007年增加2万多篇，占世界份额的9.8%，位列世界第二位，仅次于美国。但是，从引用情况看，我国科技人员作为第一作者的论文，平均每篇被引用5.2次，与世界平均值的10.06次相比，只有一半。这反映出，我国学术、行业论文虽然数量多，但整体质量水平距世界平均水平还有不小的差距。

从我国学术、行业杂志的运作水平来看，目前仍没能产生与《电子工程师时代》《新英格兰医学期刊》《科学》《自然》《外交事务》《哈佛商业评论》等比肩的，享有世界声誉、代表某领域顶尖学术或专业水平的杂志。

数量庞大、整体水平落后的我国学术、行业杂志，前进的方向在哪里？以下两个案例，应能给我们以启示。

1998年3月，行业杂志《IT经理世界》创刊，主办者是计算机世界传媒集团，该集团是我国第一家合资经营新闻出版的企业。从2000年起，该刊开始主办"经理世界年会"，此会议至今办了10届，已成为IT界影响巨大的品牌盛会。此外，该刊还联合清华大学经济管理学院，共同主办"中国杰出创新企业评选"；联合美国《商业周刊》，发布"中国内地（含香港）企业科技百强榜"；2003 年，该刊经国际媒体发行量权威认证机构 BPA 认证，发行量每期 11.1 万份；目前，该刊的年营业额，达到了 4 个多亿。① 可见，只要实行企业化治理，选准读者、广告定位，积极发展多种"第三次售卖"形式，我国的行业杂志也完全能够做强做大。

2009 年 4 月，河北工程大学副校长孙玉壮博士，被聘为英文杂志《能源勘查与开发》杂志的唯一主编。这是他担任《世界工程杂志》主编、《国际煤地质学杂志》编委之后，再一次在国际杂志任职。目前，《能源勘查与开发》的主办单位，已调整为河北工程大学，编辑部设在河北工程大学，而印刷、出版发行和征订工作，仍由英国科学出版社负责，继续在英国进行。孙玉壮表示，他打算依托杂志每两年举办一次的能源勘探与开发方面的国际会议，多做推广工作。目前，经与中国煤田地质总局、中国矿业大学、石油大学等单位联系，已初步达成了这些单位支持相关会议的意向。

如果一个中国学者，能把国际学术杂志"收编"办好，那么我们国内的学术杂志，一旦按符合学术杂志运作规律的体制和机制来办，水平怎能提不高呢？

（3）应引起重视的杂志人才培养和科研发展问题。杂志业属于智力产业，人才是其核心资源。我国杂志业 30 多年来的迅速发展也证明，一个杂志或杂志集团崛起，其背后，往往有领军人物在起决定性作用。例如，《时尚》的创始人之一吴泓、《财经》的创始人胡舒立，就是杂志业涌现出的这类领军人物。但是，在 2009 年，这两位有标志意义的

---

① 孙卫：《网络环境下期刊的赢利模式》，http：//money．163．com/09/1214/10/5QG4EK3A 002524SQ．html。

杂志界领军人物，都出现了"异常"。

2009 年 8 月，被誉为"中国时尚杂志教父"的时尚传媒集团总裁吴泓，因病去世，时年 46 岁；作为《财经》的创办人，2009 年已 56 岁的胡舒立，率团队辞职，并于同年 12 月，正式到中山大学履新，担任其传播与设计学院院长、教授、博士生导师。

吴泓的英年早逝，令人对中国杂志人创业的艰辛，不胜唏嘘；而胡舒立的走入"象牙塔"，则让人对中国杂志业人才的培养，平添了几许希冀——到目前为止，中国大学体制内杂志教育的落后，使绝大多数杂志人，还在用一种师徒教帮的方式入行，且在某种程度上，也致使我国杂志业的人才短缺现象成为了一种常态。

美国杂志教育的一个特点，是实践经验丰富的杂志人，进入大学体制培养专门人才。美国大学的新闻传播学院，一般都提供两门杂志方面的课程：杂志文章写作、杂志编辑生产。[①] 在密苏里大学等院校，甚至有期刊系。而目前我国的大学体制内，能开操作性、实践性杂志课程的可以说是凤毛麟角。希望胡舒立到中山大学后，相关情况能有所改观。

与杂志教育相关的杂志研究，如编辑技巧研究、受众研究、内容研究、广告研究、互动行为研究等杂志产业的微观实践性研究，在我国也非常缺乏。我国的大多数杂志研究者，只是涉足杂志史、杂志发展趋势等宏观研究领域。这种状况虽与我国杂志产业发展时间短相关，但如不加以重视，努力迎头赶上，恐将导致中国杂志产业的长期落后。

（4）关于建立独立第三方权威稽核机构等行业规范化问题。目前，国内大多数杂志的发行量都是各自的最高机密——虚报发行量已成为行业惯例，有些杂志的发行量，甚至虚报几十倍。在这种情况下，广告主

---

① J. William Click, Russell N. Baird, *Magazine Editing and Production*, Dubuque：Wm. C. Brown Publishers，1986，Preface ix.

无法准确判断广告效果，而如自己去从事调查，成本又过高，所以，很多广告主只能从发行终端来判断各种杂志的广告效果。

这又致使很多杂志，不从提高自身质量上着手，而是千方百计地占据良好的发行终端。甚至有很多杂志，为了占据报刊摊的醒目位置，一个月付给摊主几百、上千元不等的费用。目前，每本杂志每月给报摊几十元，已成为行业惯例。

而且，各杂志的广告收入也不实。现在很多统计机构统计的，都是杂志广告收入的刊例价——由于各杂志广告打折比例大不相同，所以刊例价很可能和实际收入相去甚远。这导致了无法准确判断各杂志的广告收入。

这些杂志行业规范化问题的解决，可借鉴某些发达国家的经验，建立独立于政府机构的第三方权威稽核机构，如美国的 BPA、英国的ABC 等。相关机构通过发布各杂志的发行量、广告收入数据，能够给广告主、受众以很好的购买指导。而且，还能避免杂志间在发行、广告市场上的恶性竞争，进而促进各杂志把精力花在自身实力的提高上，最终提高中国杂志产业的整体质量水平。

（三）积聚嬗变的能量：2009～2010 年中国杂志产业报告

2010 年 12 月 30 日，新闻出版总署宣布，除先期已经完成转企的出版社、保留事业性质的公益性出版社外，148 家中央各部门各单位出版社，全面完成了转企任务。至此，包括地方出版社、高校出版社、中央各部门各单位出版社在内的所有经营性出版社已全部完成转企。出版社是我国杂志业的生产主体。我国目前有社办、社版杂志 1000 余种，[①] 虽

---

① 参见 http://www.3stonebook.com/older/zx/zx101.htm。

然只占杂志总数的 10% 左右，但其产值和市场化程度却是最高的。所以，出版社的企业化意味着我国杂志生产主体的企业化。

另外，从 2010 年到 2011 年年初，"用工荒"成为充斥于各媒体的关键词。英国渣打银行经济学家斯蒂芬·格林对此进行的学理解释为：2011～2015 年，中国每年将只会新增 300 万劳动力；而在过去的几十年里，这个数字一直都在 1000 万以上。工作人口是杂志消费者的主体，我国劳动力数量、结构的变迁，无疑意味着杂志消费者的演变。

可见，无论是杂志业的生产者还是消费者，其结构都在调整，都在积聚嬗变的能量。人类的许多重大变动往往是在不知不觉中渗入社会的。对于表面平稳的 2009～2010 年的中国杂志产业来说，情形也是如此。

1. 2009～2010 **年中国杂志产业发展概况：纸质形态品种增长、规模萎缩，电子形态出版和经营扩张迅猛、垄断初现**

（1）出版规模：纸质杂志种数增幅较大，但单位印数萎缩；电子杂志膨胀迅猛。新闻出版总署公布的《2009 年全国新闻出版业基本情况》（部分数据见表 9）显示，2009 年全国共出版杂志 9851 种，比 2008 年增长 3.16%，而 2008 年、2007 年所出版杂志的种数与 2008 年相比，前者增幅仅为 0.86%，后者完全没有增长！纸质杂志种数年度增幅的这种明显变化，意味着 2009 年以来，我国杂志业的准入政策已有了一定的调整，从总体上基本不批新号，转变为有限制、有区别地准入。

但是，市场并没有随政策的意愿而起舞，就在国家的杂志行业准入政策开始松动之际，传统纸质杂志的平均期印数已开始整体性地萎缩——除哲学、社会科学类小幅增加 2.19% 外，其他 6 个类别均有不同程度的萎缩，全行业整体性萎缩 1.85%。特别需要引起注意的是，反映单位生产规模的平均每种期印数的萎缩（与 2008 年相比，全行业

7 个类别，除画刊类与 2008 年持平外，其他 6 个类别的平均每种期印数，均有不同程度的萎缩），已清晰地表明了传统纸质杂志的颓势并未因国家行业准入政策的调整而改变。

表9　2009 年全国杂志出版基本情况摘要

	2009 年情况				与 2008 年相比变化情况			
	种数（种）	平均每种期印数（万册）	总印数（万册）	总印张（千印张）	种数（%）	平均期印数（%）	总印数（%）	总印张（%）
合计	9851	16 457	315 300	16 624 000	3.16	-1.85	1.53	5.23
综合	485	1967（4.06）	45 240	1 942 992	1.25	-2.19	1.17	-5.67
哲学、社会科学	2456	6019（2.45）	109 569	5 821 954	5	2.19	5.9	13.16
自然科学、技术	4926	3131（0.64）	46 228	3 139 032	2.75	-5.66	-4.03	-0.39
文化、教育	1204	2774（2.3）	57 738	3 186 813	2.47	-1.77	4.19	14.72
文学、艺术	631	1400（2.22）	29 864	1 570 497	2.94	-9.03	-10.06	-11.36
少儿读物	98	1034（10.55）	24 127	697 293	0	-1.71	4.52	4.48
画刊	51	132（2.59）	2484	265 508	0	0	2.14	17.86

资料来源：新闻出版总署公布的《2009 年全国新闻出版业基本情况》。

新兴电子形态杂志包括三类：一是纸质杂志出版后，经电子化，放到互联网平台上收费发行的网络杂志全文数据库，如中国知网、万方数据、维普资讯等。二是已无相应纸质形态，只以电子形态在互联网上运作的 E - Only 杂志，其中有传统杂志单位经营的《时尚 MAN》《瑞丽 Pretty》等，有新媒体单位经营的《游牧民族》《9see》等，还有已采用多媒体技术的《WOW！ZINE·物志》等。三是手机杂志，或以"连续传播"方式在手机上发布各类资讯，或将纸质杂志内容集成到手机平台上收费发行，其运营商有 12580 生活播报、乐活志、VIVA 等。

这三个类别的电子杂志，在 2009 ~ 2010 年，规模膨胀得都非常迅猛。

《中国期刊年鉴（2009 年卷）》称，仅就主要网络杂志全文数据库网站统计，其杂志文献的年度总访问次数（包括检索、浏览、下载）多达 60 亿次，同比增长约 75%。从单个这类网站的情况来看，据《龙源期刊》2009 年度所发布的合作杂志网上传播数据显示，其国内阅读 Top100 杂志的访问量，超过了 1616.4 万次，而 2006 年此访问量仅为 460 万次，4 年间增长了 351%。①

自 2010 年以 iPad 为代表的平板电脑、电子阅读器热卖以来，曾遭遇发展瓶颈的 E - Only 杂志，取得了戏剧性增长。国内立足于移动互联网阅读平台的"读览天下"的总裁陈迟指出，2010 年初，该平台每个月下载量才 30 多万本；可到了 2010 年底，这个数据已达 200 多万本。下载量月增速达 50%！2010 年 8 月"读览天下"iPad 版客户端上线不到半个月，下载量就超过 20000 次，其中各类电子杂志的下载量更是高达 60 万本，平均每个客户端下载了近 30 本。②

《2009 年中国手机媒体价值研究报告》称，2010 年我国手机杂志用户可达 9000 万；而《2010 年信息传媒行业风险分析报告》称，2009 年我国手机杂志用户规模为 6400 万；可见，手机杂志用户年度增长率达 40.6%！

（2）出版结构：纸质杂志月刊是市场主角，品种结构市场敏感度低；电子杂志内容具有数据库特征，品种结构垄断初现。从出版周期看：根据有关机构发布的"2010 年 9 月杂志广告投放 TOP20 媒体"（见表10），③目前在市场上占主导地位的纸质杂志出版周期类型是月刊。

---

① 参见 http：//www. chuban. cc/gj/rdjj/qkph/fayan/200911/t20091124_ 58980. html。

② 参见 http：//www. chinadaily. com. cn/hqcj/zxqxb/2011 - 01 - 17/content_ 1585820. html。

③ 参见 http：//www. emarketing. net. cn/magazine/adetail. jsp? aid = 1654。

表 10　2010 年 9 月杂志广告投放 **TOP20** 媒体

排名	期刊名称	出版周期	排名	期刊名称	出版周期
1	时尚伊人	月　刊	11	优家画报	半月刊
2	世界时装之苑	月　刊	12	中国之翼	月　刊
3	服饰与美容	月　刊	13	东方航空	月　刊
4	瑞丽服饰美容	月　刊	14	智族	月　刊
5	瑞丽伊人风尚	月　刊	15	时装	月　刊
6	时尚芭莎	月　刊	16	财富（中文）	半月刊
7	嘉人	月　刊	17	财经	月　刊
8	悦己	月　刊	18	三联生活周刊	周　刊
9	时尚先生	月　刊	19	伊周	周　刊
10	南方航空	月　刊	20	时尚家居	月　刊

资料来源：CTR 媒介智讯。

　　电子杂志中的网络期刊全文数据库、部分手机杂志，实质上是纸质杂志内容的电子化，所以其内容的添新频率，也以月份为主。但是，其内容已电子化，具备了数据库可海量下载的特征。例如，中国知网的"中国学术期刊网络出版总库"，截至 2010 年 10 月，收录了国内学术杂志 7686 种，包括创刊至今出版的学术杂志 4600 余种，全文文献总量 3000 多万篇。其 1 个月的添新量，在文献总量中所占比例甚微，从而使 1 个月这样的短时间段，不再像纸质杂志那样，成为区别其内容的决定性变量。

　　从杂志种类看：2009 年，传统纸质杂志中，哲学、社会科学类种数增加了 5%，文学、艺术类种数增加了 2.94%，自然科学、技术类种数增加 2.94%，分别是国家投放新"刊号"最多的三个类别；而少儿读物类、画刊类，种数竟没有增加。可见，由于新投放"刊号"资源并不是以市场机制来配置的，所以长期以来困扰我国杂志业的结构性问题——面向普通读者的消费类杂志比重偏低，非但没有改善，反而更加失衡了：2009 年我国消费类杂志（包括综合类，文化、教育类，文学、艺术类，少儿读物类，画刊类）合计 2469 种，只占杂志总量的 25.06%，比 2008 年的 25.30% 反而下降了 0.24%。

面向普通读者的杂志类期刊比重低，既是缺乏市场配置资源机制的结果，又造成了整个杂志业的市场敏感度低，应对基于市场机制的国际竞争的能力低下。

电子杂志是在市场环境下兴起的，其市场敏感度整体来说比纸质杂志要好，但由于相关领域的市场进入门槛相当高，所以电子杂志中比较成熟的网络期刊全文数据库、手机杂志领域，也像我国其他信息相关领域一样，目前都已被有限的几家运营商所垄断——网络期刊全文数据库，被中国知网、万方数据、维普资讯、龙源期刊四家垄断；手机杂志，被 12580 生活播报、乐活志、VIVA 三家垄断。

（3）经营状况：纸质杂志第一、第二次售卖不同幅度下滑，但电子杂志"钱途"无量。新闻出版总署公布的《2009 年全国新闻出版业基本情况》显示，2009 年我国新华书店系统、出版社自办发行单位，销售纸质杂志 1.84 亿册，比 2008 年下降 39.47%；发行（第一次售卖）收入 21.73 亿元，比 2008 年下降 16.05%。《2010 年度中国传媒产业发展报告》显示，2009 年纸质杂志全部发行收入为 166.3 亿元，较 2008 年的 167.1 亿元下降了 4.8%。纸质杂志第一次售卖的下降幅度，令人触目惊心。《2010 年度中国传媒产业发展报告》还显示，2009 年纸质杂志广告（第二次售卖）经营总额为 30.37 亿元，较 2008 年的 31.02 亿元下降 2.1%。可见，纸质杂志的第二次售卖情况，也不容乐观。

与纸质杂志惨淡的经营状况相比，电子杂志却"钱途"无量：如《2010 年中国数字出版产业年度报告》显示，2009 年我国网络期刊全文数据库销售收入为 6 亿元；《中国期刊年鉴（2009 年卷）》显示，2008 年我国期刊网络期刊全文数据库销售收入为 3.6 亿元。这意味着其年度增长幅度达 75.4%！再如，《2009 年中国手机媒体价值研究报告》称，在手机用户最常订阅的手机信息类型中，以新闻、资讯信息为主的手机杂志比例最高，达 64.6%！2009 年最后一季度，手机杂志广告比上一季度增长 42.4%；2010 年第一季度，同比增幅仍达 30.3%。[1]

（4）读者状况：纸质杂志阅读下滑、接触稳定、分众明显，电子杂志接受度已较高。《中国期刊年鉴（2009 年卷）》这样描述了我国杂志读者的状况：第一，国民纸质杂志阅读率、平均阅读量出现了下滑态势。在过去 1 年中，18～70 岁的识字人口，阅读过纸质杂志的人占一半（50.1%），比上年有所下降。第二，成年人中经常阅读纸质杂志人口趋于稳定，未成年人的纸质杂志接触率高于成年人。18～70 岁的成年人中，有 37.5% 在过去 1 周中阅读过纸质杂志（自 2001 年以来该数据一直保持在 40% 左右），其中 9～13 岁、14～17 岁两个年龄段的这一指标分别为 50.2%、50.9%，高出成年人 10 个百分点以上。第三，不同人群的纸质杂志阅读情况差异相当大（见表 11）。具体来说，中青年（30～59 岁）、学历较高（高中以上）、收入较高（3001 元以上）的城市人口，纸质杂志阅读率较高、阅读量较大。第四，在网络上阅读电子杂志等习惯，已逐渐在受众中形成。在我国 14～70 岁的网民中，有 15.7% 的人会在上网时阅读电子杂志，且半数左右的人，平均每周至少在网上读 1 次电子杂志。

---

① 参见 http：//www.zazhi001.cn/News/Detail/38303.htm。

表 11　我国各类人群杂志阅读情况

人口特征	性别	年龄（岁）	户口类型	学历	收入（元）
类别	男女	18～29 30～39 40～49 50～59 60～70	城市 农村	小学以下/初中/高中及中专/大专/大学本科/硕士及以上	无收入/500 以下/501～1000/1001～2000/2001～3000/3001～5000/5001～8000/8001～1 万/1 万以上/拒绝回答
阅读率（%）	49.3 51.1	66.0 52.9 38.5 31.0 29.2	62.3 41.2	14.9/42.7/64.6/75.6/84.0/80.4	55.3/29.6/43.3/59.3/64.1/71.1/82.7/56.6/57.7/51.6
阅读量（期/年）	16.69 15.82	15.58 16.34 18.46 16.68 14.28	18.89 13.37	10.16/13.03/16.76/19.66/22.93/31.89	14.24/11.45/14.47/17.63/19.45/22.37/18.85/62.22/40.91/17.75

资料来源：《中国期刊年鉴（2009 年）》。

（5）进出口情况：纸质杂志逆差扩大，呼唤政策体系调整；电子杂志海外拓展见效，有助于国家软实力建构。新闻出版总署的统计表明，2009 年，我国纸质杂志出口 43 741 种次、211.65 万册、351.13 万美元，与 2008 年相比，种次下降 5.11%，册数增长 129.94%，金额增长 60.98%。同年，纸质杂志进口 54 163 种次、448.09 万册、13 661.47 万美元，与 2008 年相比，种次增长 0.75%，数量下降 0.17%，金额增长 2.79%。当年期刊进出口逆差为 13 310.34 万美元，与 2008 年相比，增幅为 1.82%（2008 年此增幅为 20.67%）。纸质杂志进出口逆差连年增长，说明我国杂志业的国际竞争力并没有朝走强的态势发展。这也反映出，我国目前杂志业的政策体系很有调整的必要。

同时，据《中国期刊年鉴（2009年卷）》介绍，电子杂志中的网络期刊全文数据库运营商——中国知网，凭借其"中国学术期刊网络出版总库"，已把用户拓展到了43个国家、地区的560个著名高校、科研机构、政府与党派组织、公共图书馆、企业、医疗机构，其用户量年度同比增长21%，已成为美国、西欧、日本等发达区域，研究中国问题的首选资源。另一个网络期刊全文数据库运营商"万方数据"，则把其"数字化期刊群"，与博士、硕士学位论文捆绑发行，在北美、中国台湾等地区的中小型高校、医院等机构中获得了较多应用。总之，网络期刊全文数据库作为我国电子杂志中的成熟形态，已为构建国家软实力做出了贡献。

2. 2009～2010年中国杂志业特征和趋势：杂志电子化已显露出不可逆转的趋向，原有生产、经营模式亟待革新

（1）伴随着消费者成为"屏幕时代人"，杂志向电子平台延伸已显露出不可逆转的趋势。2009年5月4～6日，在伦敦举行的FIPP世界期刊大会上，几乎所有的专题，都与数字化技术有关。《第26次中国互联网络发展状况统计报告》称，截至2010年6月底，我国网民规模达到了4.2亿，较2009年年底增加3600万人，互联网普及率攀升至31.8%；手机网民规模为2.77亿，半年新增手机网民4334万。网民上网时间继续增加，人均周上网时间达19.8小时。随着4亿多人口以极高的速度成为"屏幕时代人"（Screen-Agers），中国杂志产业如果想在今后5～10年内生存并发展，就必须积极向互联网、手机等电子平台延伸产业链，并重构营利模式。

（2）建立、强调"数据库"理念，是杂志编辑应对变革的起点。其实，"数据库"并不神秘、复杂，纸质文摘杂志的编辑、运作，就运用了"数据库"的理念。在中国杂志市场上，有文摘杂志200种左右，占杂志种数的 2%，其中既有发行量常年数一数二的《读者》杂志，也有新近成功的《特别关注》《格言》《意林》《37°女人》等，可见"数据库"在我国杂志业中运用的模式及其力量，早已显现。只是，当杂志由传统纸质形态，不可逆转地向电子形态延伸之际，"数据库"由模式上升为理念，自有其原因。

首先，这是由杂志的特质——针对特定人群，为之量身定制"精准"阅读体验，为广告商提供"精准"广告受体——所决定的。只有以"数据库"的海量信息为素材，时时进行换位思考，替自己的读者、客户着想，才可能编辑出比其他媒体更"精准"的图文，从而形成比其他媒体更"精准"的广告受体群。

其次，这是"媒体过剩时代"的成本压力所决定的。面对其他传统媒体和"新媒体"的激烈竞争，中国杂志业因相对弱小——新闻出版总署的专题调研报告显示，目前我国杂志广告只占广告市场总份额的 5% 左右，而法国杂志广告占 20%，美国杂志广告占 15%，日本杂志广告也占 12%，所以，整个行业目前最需要考虑的是如何做更多的事情，而不是招更多的人。这就意味着：杂志编辑必须突破纸质平台的局限。而"数据库"是目前成熟电子杂志的一个共同本质特征。有了"数据库"理念，也就在一定程度上把握了优化、突破纸质平台的钥匙。

再次，杂志编辑岗位的重要性提升，而岗位专业门槛降低、工作成本降低，是杂志编辑进入"数据库"时代的结果，也是促使杂志生产、经营组织变革的一个动因。"内容"是杂志业得以生存的杀手锏之一，但"数据库"的广泛运用使杂志内容生产的专业门槛降低了。这样，传统的作为"把关者"的编辑，不仅需要向"作者"延伸，而且需要向发行、营销职能延伸。"我们以后不再招聘编辑，而要招聘编辑战略家",出自美国一位杂志主编的此语,概括了这种发展趋势。

(3)杂志广告现在和未来的努力方向,都是中高端客户。从有关机构发布的"2010年9月杂志广告投放 TOP10 品牌"(依次为:雅诗兰黛、兰蔻、香奈儿、欧莱雅、克丽斯汀·迪奥、娇兰、倩碧、薇姿、娇韵诗、GUCCI)来看,[①] 相关品牌全部为中高档化妆品及高级珠宝、成衣、箱包等奢侈品;该机构同时发布的"2010年9月杂志广告投放 TOP10 行业"(依次为:化妆品/浴室用品、交通、衣着、个人用品、娱乐及休闲、电脑及办公自动化产品、家居用品、商业及服务性行业、家用电器、食品),也是汇集了众多中高档大牌消费品的行业。期刊广告为什么会成为"中高档消费品展览馆"呢?

因为中高端广告客户,从维系、强化其品牌的考虑出发,需要与其中高档形象相匹配的广告媒体。放眼报纸、期刊、广播、电视、网络、手机等各媒体,毫无疑问,装帧精美的彩色杂志,在体现中高档(尤其是高档奢侈品)企业形象方面,具有明显的比较优势。所以,杂志行业不仅目前主要吸引了中高端广告客户,在以后向电子平台延伸的过程中,也必须注意保持、发扬其中高档形象,以继续吸引中高端广告客户。否则,就将失去其在广告市场的生存之本。

(4)杂志发行与推广,即第一次售卖和第三次售卖,联系日趋紧密,很快有合流可能。纸质杂志在向网络、手机等电子平台延伸的过程中,在哪儿、向谁收费,成了一个有待选择的问题。各杂志需要根据自己的定位、特点,对此做出回答。例如,越来越多的 B2B 类杂志,开始加大第一次售卖的"免费"量,通过扩大发行争取到更多的读者,

---

① 参见 http://www.emarketing.net.cn/magazine/adetail.jsp? aid=1654。

来举办培训、论坛或在网络上提供一对一专家咨询（均属"卖品牌资源"的第三次售卖），从而获取更多利润。

杂志发行除了营利，还担负着联系读者的重任，而后一项任务时下是越来越重要，并已与品牌营销高度融合。例如，2010 年 7 月，儿童消费品开发与零售商"博士蛙"，举行了"1 字万金，10 万现金征集广告语"的活动。此活动通过手机杂志运营商"12580 生活播报"刊出后，短短 1 周内，就收到近 23 万条风格各异的广告语；接着，"博士蛙"又将征集来的广告语的最终选择权，通过"12580 生活播报"交给了大众。结果，经 3100 万票选，最终得出了广告语。在这项活动中，媒体与受众互动的速度、规模，震惊了广告商！此后，品牌广告商纷至沓来，进一步成就了"12580 生活播报"这个目前国内领先的手机杂志品牌。

（5）产业链上的新关键词：iPad、MPR、扎堆上市。2010 年 12 月 10 日，国内手机杂志运营商 VIVA 无线新媒体，精心制作的 VIVA 畅读 iPad 客户端登录 App Store，由此，各类知名杂志得以以一种全新方式和 iPad 用户见面。截至 2010 年年底，大概有 200 多家主流杂志的电子版，已在 App Store 正式上线，其中包括《周末画报》《读者》《财经》《中国国家地理》《第一财经周刊》《中国企业家》等一线杂志。

MPR，是一种依靠特殊的二维码为关联，将多媒体数字技术与纸质印刷出版物相结合（Multimedia Print），通过阅读器（Reader），将出版物对应的电子媒体文件表达出来的技术。MPR 的首要功能，是让出版物"开口说话"。此技术应用于杂志业，将会产生"有声"杂志这一新品种。

知音传媒集团、读者出版集团、家庭期刊集团、漫友文化、瑞丽集团等我国领先的杂志集团，在 2010 年扎堆规划上市的消息此起彼伏。姿态各异的筹备上市的杂志集团，应需谨记：2004 年在香港成功挂牌上市的"北青传媒"，曾因"收入结构单一"，而遭遇股市动荡的滑铁卢；而努力"扎堆上市"的众杂志集团中，"收入结构单一"的恐不在少数。

3. 当下中国杂志产业的核心问题与政策建议

我国文化产业占世界文化市场的比重不足 4%（日本外的中国及其他亚太国家共占 4%），而美国占 43%，欧盟占 34%，日本占 10%。[①] 在整个世界杂志市场中，中文杂志（含内地、香港、台湾）所占份额仅为 2%。[②] 在全球化背景下，包括杂志产业在内的我国文化产业是典型的弱势产业，必须追求像我国制造业那样的跨越式发展，否则必将长期处于无国际竞争力的落后状态，拖累、迟滞整个国家产业的升级。这是包括杂志产业在内的我国文化产业的核心问题及相应政策体系的逻辑起点。

诚然，在 2009～2010 年，我国杂志产业政策已进行了一定程度的调整，如前述"刊号"年度增幅，就由此前的 0% 和 0.86%，增加到了 3.16%，但这 3.16% 只意味着 302 种新刊，杂志总数由 9549 种变成了 9851 种。可在 2300 万人口的台湾地区，目前就有 6600 多种杂志![③] 按 2009 年的"提速"状态估算，我国内地杂志发行密度，何时才能赶上台湾地区呢？

而且，2009～2010 年，与杂志产业发展密切相关的文化体制改革，

---

① 参见 http://fzwb.ynet.com/article.jsp? oid = 76781987。
② 参见 http://www.cpa - online.org.cn/web/tpwz.aspx? artid = 000320&cateid = A。
③ 祝兴平：《台湾地区期刊出版产业经营状况与市场格局》，《中国出版》2009 年 12 月（上）。

也确实迈出了步伐，如前述 148 家中央各部门各单位出版社转企任务的完成等。但在一个每年的新进入者只占 3.16% 且准入资源并不由市场力量进行配置的"市场"里，"要素"的增加显然是难有显著进展的；而没有"要素"增加所形成的动力和压力，既有"要素"即使进入市场，也难以改善——这是苏联东欧国家的市场化改革实践已经证明了的！所以，全国 500 多家出版社是转企了，但作为进入市场的既有"要素"，其素质改善并不会必然发生。

很明显，目前的产业政策，难以适应杂志产业、文化产业"跨越式发展"的要求。而对于一个经历了 30 多年改革开放，在实践中已探索出了产业发展成功经验的国家来说，把相关成功经验推广到自己的杂志乃至整个文化产业中，应该是一种必然的选择。

（1）战略：把改革开放 30 年来，我国所获"增量改革、局部试错、沟通内外、注重'旗帜'"的产业发展成功经验，推广到杂志乃至整个文化产业中。增量改革，即着眼于"做大蛋糕"，扩大可供在各个利益集团间进行分配的份额，使改革尽可能具有"帕累托改进"的性质，从而有利于解决稳定与速度相协调的难题；局部试错，即改革措施从较小范围内的试验开始，在取得成果并进行总结的基础上，再加以逐步推广，也就是"摸着石头过河"；沟通内外，即在国际大循环中寻找比较优势，并以相关优势为中心，构建阶段性的发展战略，如我国改革开放初期，凭借劳动力价格的比较优势，大力发展"三来一补"劳动密集型加工工业，一举奠定了经济特区、沿海开放城市的市场化工业基础；注重"旗帜"，即为改革提供意识形态、价值观支持——30 年间，先后推出了邓小平理论、"三个代表"重要思想、科学发展观等。

把上述产业发展成功经验，创造性地推广到杂志乃至整个文化产业中，必将有助于实现杂志乃至整个文化产业的"跨越式发展"。

（2）战术之一：在非时政杂志领域，对"增量改革"进行"局部试错"。对时政类、非时政类杂志进行区别管理，是我国杂志行业适应现实国情、体制的一种制度选择。

在非时政杂志领域，参照香港等地区的做法，把目前新刊准入的行政审批制改为登记制，可在现有"存量"之外，利用市场的力量，短时间内迅速形成"增量"，从而在非时政杂志市场内，形成一个有效竞争的环境。此后再对"存量"进行产权等改革时，所造成的冲击就基本可以被"增量"消化了。

在非时政类杂志这一文化产业的局部，先试行"增量改革"，也相当于在"局部试错"。待取得成果并进行务实总结后，再把相关经验和模式逐步推广到更多的杂志乃至文化产业领域。

（3）战术之二：寻找我国杂志业在世界华语文化圈的比较优势，努力沟通内外两个市场。在世界华语文化圈内，从宏观要素比较的角度看，内地杂志业在市场基础规模（内地人口 13 亿、台湾 2300 万、香港 700 万、新加坡 480 万、澳门 50 万），从业人员规模、产业资本规模上，都已有显著的优势；在技术、装备水平上，与其他华人聚集区的杂志业相比，也没有明显的差距。

但寻找比较优势并把相关优势转化为市场，需要有经验、懂市场的杂志人，也就是说，微观要素会起重要作用。这一点，可以从台湾地区的《空中英语教室》和《阶梯英语》两本杂志，准确切入内地英语学习市场并迅速做大的事例得到明证。因为从宏观要素分析、市场进入难度等表面态势看，台湾地区杂志进入内地市场难有优势可言；但是，台湾杂志人，就是在英语学习杂志这个非常细分的领域，敏锐地寻找到了比较优势并把相关优势成功地转化为了市场。

可见，寻找内地杂志业在世界华语文化圈的比较优势及其市场实现，需要一批有经验、懂市场的杂志人的出现。而我国的杂志业政策体系，应把尽快培养、推出这样一批杂志人，作为近期的政策目标。

（4）战术之三：将"共享和谐世界"的价值观，作为发展杂志乃至整个文化产业的意识形态支撑。追求中高端广告的杂志，其目标读者自然是能消费得起相应商品的人群。《中国期刊年鉴（2009 年）》显示，目前在我国杂志广告市场上，占前五位的类别，分别是女性时尚类、财经类、机动车类、航机类、运动/健康/保健类，且这五类杂志，占据全部杂志广告市场的 70% 以上份额。很明显，这五类杂志都"物欲滚滚"。而单刊广告额排在前五位的杂志（见表 13），全部与发达资本主义国家的相应杂志有版权合作，其体现消费社会享乐本位价值观的现象，也是大量存在的。

其实，从价值观层面看，资本主义价值观继"生产社会"阶段的效率本位主义、"消费社会"阶段的享乐本位主义之后，现已发展到了"后物质主义"的第三个阶段，即在发达资本主义国家集团内以自由、民主为本位，对其他国家以推行自由、民主价值观之名，行掠夺、霸权本位之实。这是一种颇具欺骗性的双重价值观。一切文化产品，都是某种价值观的生产和再生产。中国杂志乃至整个文化产业，要想取得跨越式发展，就必须有比发达资本主义国家的"后物质主义"价值观，更具吸引力、传播力的价值观，作为有力的支撑。而"共享和谐社会"的价值观，因聚合了中国传统和现代社会的智慧，已为这种支撑提供了可能性。

（四）深度变迁与延续：2010～2011年中国杂志产业报告

2011年第三季度，中国超越美国成为全球最大智能手机市场；[①] 而智能手机也因2011年全年出货量首次超过个人电脑，[②] 成为了个人信息设备的新霸主。中国电子杂志在经历了2010年的"平板革命"（以iPad为代表）后，又在发力顺应2011年作为"智能手机统治元年"的新形势。

同样，国内纸质杂志市场在2010～2011年也经历着深度变迁。例如，崛起了《淘宝天下》这样的以"网络→纸质杂志→网络"为运作链条，靠出售"淘宝"这一电子商务品牌资源为营利模式的新型纸质杂志。该刊内容的核心特色是登载所展示商品的"淘代码"，读者在淘宝网上输入该码，可直接找到杂志上的商品，从而极大地方便了"淘宝"。该刊发行采用"会员"模式，即淘宝网大卖家在成为"会员"后，便承担起随商品包裹附送该刊的任务。一举解决了传统纸质杂志的发行量"损益悖论"难题。至2010年年底，该刊期实发量已达60万份。[③]

而无论是电子杂志还是纸质杂志所经历的深度变迁，其实都在急切地追问同一个议题：在这个媒介融合迅猛发展的时代，杂志及其产业将靠什么得以延续？

1. 2010～2011年中国杂志产业发展概况：纸质形态规模微长、经营趋稳、逆差堪忧，电子形态投入加速、"链"位前移、拓展乐观

（1）出版规模：纸质杂志种数、总印数有小幅增长，电子杂志投

---

① Strategy Analytics: China Overtakes United States as World's Largest Smartphone Market in Q3 2011. http://www.strategyanalytics.com/default.aspx? mod = reportabstractviewer&a0 = 6871.

② Canalys: Smart Phones Overtake Client PCs in 2011. http://www.canalys.com/newsroom/smart – phones – overtake – client – pcs – 2011.

③ 童桦：《期刊数字化，越走越清晰》，《浙江日报》2010年10月20日。

入加速、种数已与纸质杂志相近。新闻出版总署公布的《2010 年全国新闻出版业基本情况》（部分数据见表 12）显示，2010 年全国共出版纸质杂志 9884 种，比 2009 年增长 0.33%。而 2009 年、2008 年所出版纸质杂志的种数与上年相比，前者增幅为 3.16%，后者增幅为 0.86%。纸质杂志种数年度增幅的这种明显回落，意味着在 2010 年，我国杂志的有限制、有区别的准入政策开始面临新的问题：相关部门认为该准入的大多已经批了，新的增长点在哪里？这个问题恐怕只有去问市场，才能得到更有效率的回答。

另外，综合、哲学社会科学、自然科学技术三类纸质杂志的种数与上年相比，都增加了 10 种。这种产业资源配置的过于明显的"人为"迹象，也再次把是否应尽快让市场对杂志产业资源起基础配置作用的问题，突出地提了出来。

纸质杂志平均期印数已连续两年下降，继 2009 年比 2008 年下降1.85% 之后，2010 年又比 2009 年下降了 0.66%。这说明各具体的纸质杂志生产单位，确实受到了新媒体的较大冲击。但纸质杂志作为一个传统媒介品种，凭着种数增加、单册加厚（总印张增长 8.91%）等因素，在 2010 年仍保持了整体出版规模的小幅增长——总印数增长 1.99%、定价总金额增长 7.58%。

表 12　2010 年全国杂志出版基本情况摘要

	2010 年情况				与 2009 年相比变化情况		
	种数（种）	平均每种期印数（万册）	总印数（万册）	总印张（千印张）	种数（%）	平均期印数（%）	总印数（%）	总印张（%）
合计	9884	16 349	321 500	18 106 000	0.33	−0.66	1.99	8.91
综合	495	1766 (3.57)	40 565	1 915 235	2.06	−10.22	−10.33	−1.43
哲学社会科学	2466	6459 (2.62)	119 565	7 036 138	0.41	7.30	9.12	20.86
自然科学技术	4936	3020 (0.61)	47 068	3 315 592	0.25	−3.53	1.82	5.62

续表

	2010 年情况				与 2009 年相比变化情况			
	种数（种）	平均每种期印数（万册）	总印数（万册）	总印张（千印张）	种数（%）	平均期印数（%）	总印数（%）	总印张（%）
文化教育	1207	2725 (2.26)	61 027	3 353 716	0.25	−1.78	5.70	5.24
文学艺术	631	1269 (2.01)	26 965	1 429 332	0	−9.36	−9.71	−8.99
少儿读物	98	976 (9.96)	23 683	731 012	0	−5.56	1.84	4.84
画刊	51	134 (2.62)	2662	324 922	0	1.19	7.16	22.38

资料来源：新闻出版总署公布的《2010 年全国新闻出版业基本情况》。

电子期刊作为杂志业得以延续的希望之地，各种生产要素的投入在持续加速。《读者》继 2010 年 5 月推出自主品牌手持终端阅读器后，其门户网站"读者网"也于 2010 年 12 月正式上线运营；该网站同时建成了包括《读者》在内的 10 余种杂志和近千种图书的数据库，具备了在线阅读、下载、版权贸易等商务功能，成为了读者出版传媒股份有限公司的统一门户及数字商务平台。知音传媒集团以纸质杂志《知音漫客》为依托，创办了"知音漫客网"；该网站打造了知音情感社区和文学社区，实现了网上出版发行。此外，《三联生活周刊》《意林》《新周刊》《中国国家地理》等较强势的杂志出版单位，或推出 iPad 版本，或加强网站建设，或与通信商合作等，都在积极播种、耕耘电子杂志领地。目前，我国已有杂志网站 580 多家，电子杂志总量已达到近万种，[①] 种数已与纸质杂志相近。

（2）出版结构：纸质杂志月刊是市场主角，其种类兴衰显示出"向杂志特性靠拢者昌，远离者衰"；电子杂志正在清晰地介入媒体链前端。从纸质杂志出版周期来看：有关机构发布的"2010 年广告刊登

---

① 石峰：《数字化改变媒体格局》，http://news.sina.com.cn/m/2010 – 10 – 14/163421276129.shtml。

前 15 强杂志"（见表 13）显示，① 目前在市场上占主导地位的纸质杂志出版周期类型仍是月刊。

表 13 2010 年广告刊登前 15 强杂志

排名	期刊名称	出版周期	排名	期刊名称	出版周期
1	世界时装之苑	月刊	9	南方航空	月 刊
2	时尚伊人	月刊	10	东方航空	月 刊
3	瑞丽服饰美容	月刊	11	时尚先生	半月刊
4	时尚芭莎	月刊	12	财经	月 刊
5	服饰与美容	月刊	13	财富（中文）	半月刊
6	瑞丽伊人风尚	月刊	14	三联生活周刊	周 刊
7	嘉人	月刊	15	智族	月 刊
8	悦己	月刊			

注：广告额数据计算依据各媒体公开刊例价格。
资料来源：《中国图书商报》。

从纸质杂志种类看，2010 年，综合类纸质杂志在种数增加 2.06% 的情况下，平均期印数下降 10.22%，总印数下降 10.33%！这说明定位泛化的综合类"杂志"正在快速边缘化，因与定位明晰的"专志"杂志特性远离，该类别的命运在媒介融合中不容乐观；文学艺术类纸质杂志平均期印数下降 9.36%，总印数下降 9.71%，总印张下降 8.99%，显示现行文艺类纸质杂志运作系统已不适应市场发展——2011 年 8 月，由北京磨铁图书有限公司打造，畅销书《盗墓笔记》作者"南派三叔"主编的文艺杂志《超好看》一炮而红，上市几天即卖断货的事实，为文艺类纸质杂志不同的市场命运提供了鲜明的反例；画刊类纸质杂志平均期印数增长 1.19%，总印数增长 7.16%，总印张增长 22.38%，昭示

---

① 慧聪邓白氏研究机构：《2010 年杂志广告同比增长逾 20%》，《中国图书商报》2011 年 2 月 15 日。

符合杂志"图片化"特性的类别正在媒介融合中获得发展；而占纸质杂志总品种 24.95% 的市场化程度相当低的哲学社会科学类，平均期印数增长 7.30%，总印数增长 9.12%，总印张增长 20.86%，则证明市场之外的政策等其他力量，仍是我国纸质杂志业发展不容小觑的因素。

从电子杂志种类看：微杂志、平板杂志、手机杂志等种类在2010～2011年的新发展，使电子杂志在媒体链中的位置清晰地"前移"了。目前，一个有报道价值的事件发生后，会先通过微博发布，然后网站、电视、广播、报纸等依次跟进，接着由时效性相对较弱的周刊、月刊、图书等做深入且能引发人们反思的报道。微杂志、平板杂志、手机杂志等种类的发展，已使电子杂志开始清晰地介入了微博、网站等媒体链的前端。

2010 年 8 月网友 MiniX 开发的"微杂志"（http：//www. miniweek. com）开始测试；2011 年，九南门文艺传媒工作室创刊的"微杂志"品牌《九界》，与新浪微博独家合作，开始完全通过微博的形式进行传播；2011 年 5 月，盛大微博"推他"推出了盛大微杂志的测试版（http：//o. sdo. com）。利用微博传播的"微杂志"，已亮丽登场。

在整个 2010 年，除了苹果 iPad，杂志出版商几乎没有其他选择来发展"平板杂志"，而到了 2011 年，随着其他品牌的平板电脑、电子阅读器的高速发展，"平板杂志"超越了 iPad，迅速成为了杂志界的一股新生势力。由中国传媒大学、社会科学文献出版社联合发布的 2011 年《全球传媒产业发展报告》指出，中国个人电子阅读终端已经超过 1.5 亿；而美国哈里森集团（Hamison Group）最近的一项调查报告显示，平板电脑、电子阅读器用户超过一半的时间都在用来看杂志。

中国的三大通信运营商均在积极布局手机阅读业务。2010 年 5 月，拥有 5.6 亿用户的中国移动正式推出手机阅读业务（包括 403 款手机和

8 款电子阅读器），其提供的手机杂志品种已占全国纸质杂志总量的 62%；2010 年 9 月，中国电信与国家新闻出版总署签署战略合作协议，天翼阅读向全国所有 CDMA 用户开放，并于 2011 年实现了向移动、联通用户开放；中国联通的手机阅读基地也已建立。手机移动阅读正在成为杂志电子化的一种重要形式，手机杂志在几家运营商手机阅读基地中所占权重不断提升。

（3）经营状况：纸质杂志部分发行渠道急剧变迁，但整个行业经营状况趋稳；电子杂志总体上仍在高速增长。新闻出版总署公布的《2010 年全国新闻出版业基本情况》显示，2010 年我国新华书店系统、出版社自办发行单位，销售纸质杂志 0.19 亿册（2009 年是 1.84 亿册），年降幅 89.67%；发行收入（第一次售卖）10.37 亿元（2009 年是 21.73 亿元），年降幅 52.28%！在纸质杂志总体出版规模有小幅增长的情况下，新华书店系统、出版社自办发行单位发行渠道的超大幅度萎缩，表明纸质杂志的部分发行渠道正处于急剧变迁之中。

目前国内纸质杂志发行渠道主要有四类：邮局，点多、网密、信誉好，但受体制制约，缺少市场理念和推广功能；民营发行公司，体制灵活、手段多，但人员、资金缺乏，基本处于被动分发的状态；第三方专业报刊发行服务商，如大华传媒、华道咨询、国铁传媒等，比一般民营发行公司规模大、专业性强，市场份额在不断扩大；最后一些是特殊渠道，如新华书店系统、出版社自办发行单位等。有关特殊发行渠道的超大幅度萎缩，说明纸质杂志的发行市场化正在深入和成熟，一些无比较优势、不够专业的特殊发行渠道正在快速退出。

《2011 中国传媒发展报告》显示，2010 年纸质杂志全部发行收入（第一次售卖）为 169.6 亿元，较 2009 年的 166.3 亿元，增长了 2%；广告经营（第二次售卖）总额为 30.8 亿元，较 2009 年的 30.37 亿元，增长了 1.4%。纸质杂志第一、第二次售卖同时止住了下滑预势重获增长，且围绕品牌资源的经营（第三次售卖）正依托电子商务而不断创新（如前述《淘宝天下》依托"淘宝"品牌的全新营利模式），表明纸质杂志在媒体融合中所进行的调整已经见效，整个行业的经营状况已经趋稳。

而电子杂志因业态多样，目前还缺乏总体上的经营数据。如微杂志在我国刚于 2010 年出现，其经营收入尚淹没在"博客"收入（2010 年为 10 亿元）、"互联网广告"收入（2010 年为 321.2 亿元）中，并无单独统计；手机杂志的经营收入，目前还体现在"手机出版"收入（2010 年为 349.8 亿元）中，也无单独统计；对于平板杂志来说，虽然市面上流行的平板电脑有多种，但其服务平台能真正吸引杂志出版商，进而吸引读者的，也就苹果公司的 iPad、巴诺书店的 Nook、亚马逊网上书店的 Kindle 和谷歌 Android 系统的平板电脑，而这些"外来和尚"在中国"念经"的情况，就更难以统计并整合了；目前有具体统计数据的只有"互联网杂志"（以互联网上的纸质杂志数据库形态为主），2010 年其收入为 7.49 亿元。但从涵盖了电子杂志的数字出版产业 2010 年收入增幅达 31.97%，以及与电子杂志经营密切相关的手机出版、互联网广告收入分别占到了数字出版产业总收入 1051.79 亿元的 33.26%、30.54% 等数据，① 可以大致判断出电子杂志总体上在高速增长。

（4）读者状况：纸质杂志读者女性主导、中青年为主、学历较高；电子杂志在读者（尤其是年轻读者）拓展方面业绩斐然。《中国期刊年鉴（2010 年卷）》这样描述了我国纸质杂志读者的状况：第一，从性别构成看，总体上纸质杂志拥有 38.7% 的男性读者和 61.3% 的女性读者，

---

① 郝振省：《2010～2011 年中国数字出版年度报告》，《出版参考》2011 年 7 月下旬刊。

女性读者占据着读者群的主导地位。第二，从年龄构成看，总体上纸质杂志的读者中 15～24 岁的占 20.7%，25～34 岁的占 36.6%，35～44 岁的占 24.1%，44 岁以下的读者占 81.4%，反映出纸质杂志读者总体上比较年轻，以 15～44 岁的中青年为主。第三，从学历构成看，纸质期刊读者的文化程度普遍较高，大专及大专以上学历的占 48.3%。第四，从区域看，休闲类杂志阅读率最高的是西安、北京和成都的读者，时尚类杂志阅读率最高的是北京、西安和成都的读者，健康类杂志阅读率最高的是西安、北京和广州的读者，汽车类杂志阅读率最高的是西安、广州和北京的读者。

对于杂志产业来说，更有意义的是微杂志、平板杂志、手机杂志等电子杂志种类的发展，使整个产业开始与最活跃、最具生命力的年轻读者更密切地对接。无论谁在中国有地铁的都市上下班时间坐过地铁，他就一定会被由年轻读者所主导一场阅读电子化革命所震撼！一直致力于让"电子杂志"在移动互联网领域生根发芽的"VIVA 畅读"，截至 2011 年 11 月底，其用户数已突破 4600 万，全年在各平台被在线或下载阅读的电子杂志超过了 3 亿册。[①] 而 2010 年全国纸质杂志的总印数才 32.15 亿册。"VIVA 畅读"作为一家公司所取得的业绩，已经说明电子杂志在读者（尤其是年轻读者）拓展方面成就斐然。

（5）进出口情况：巨额且连年增长的逆差，凸显了我国纸质杂志在国际产业格局中的弱势；电子杂志海外开拓取得新进展。新闻出版总署的统计表明，2010 年，我国纸质杂志出口 41 065 种次，与 2009 年相比种次下降 6.12%（2009 年与上年相比下降 5.11%）；出口 194.79 万册，与 2009 年相比数量下降 7.96%；出口 423.97 万美元，与 2009 年

---

① 燕文：《Viva Me 打造全新阅读方式》，《科技日报》2011 年 12 月 14 日。

相比金额增长 20.75%。出口种次连续两年降幅超过 5%、出口册数年降幅接近 8%，说明我国纸质杂志在国际产业格局中的比较优势在流失、减弱。

同年，纸质杂志进口 72 056 种次，与 2009 年相比增长 33.04%（2009 年与上年相比只增长 0.75%）；进口 420.66 万册，与 2009 年相比下降 6.12%；进口 13 828.96 万美元，与 2009 年相比增长 1.23%。进口种次的超幅增长，说明国内杂志产业仍难以满足某些发展中的阅读需求，也没有形成有效的进口替代能力。

当年纸质杂志进出口逆差为 13 404.99 万美元，与 2009 年相比，增幅为 7.11%（2009 年此增幅为 1.82%、2008 年此增幅为 20.67%）。相对于纸质杂志当年的产业规模（200.5 亿元）来说，[①] 该逆差额是巨大的——按 2010 年人民币兑美元汇率中间价最高、最低平均值 6.72555/1 计算，占当年行业产值的 4.50%！如此巨额且连年增长的逆差，凸显了我国纸质杂志在国际产业格局中的弱势。如果没有切中时弊的根本性改革，此态势恐将难以扭转。

与此同时，我国电子杂志中目前营利模式最成熟的形式（以纸质杂志为主要基础的网络全文数据库），却在"走出去"中获得了新进展。例如，已发展为拥有 2000 余万在线读者、世界上全文信息量规模最大数字图书馆的"中国知网"[②]，在 2011 年针对海外用户推出了"云出版 + 云服务 + 云数图"平台，通过近半年的试运行，已经在 40 多个国家和地区投入使用。该平台的开通，为更多的包括杂志在内的中国出版物走向世界打造了直通车，必将有助于世界更多地了解和认识中国。

---

① 崔保国：《2010 年中国传媒产业总产值 5808 亿元 预计 2011 年将达 6882.4 亿元》，《中国报业》2011 年第 5 期。

② 马捷、刘小乐、郑若星：《中国知网知识组织模式研究》，《情报科学》2011 年第 6 期。

2. 2010～2011 年中国杂志业特征和趋势：**在媒介融合中显露出比较优势，生产向"专志"靠拢，消费追求精致化，营销把握"炫示"**

（1）报社、出版社、互联网商竞相投资杂志，杂志产业在媒介融合中显露出比较优势。2011 年是 2008 年世界性金融危机发生以来，中国新刊市场恢复活跃的一年，《京华周刊》《东方壹周》《乐科》《芭莎艺术》《睿士》《安邸》等新刊和《全球商业经典》《天南》《信睿》《虹》等改版刊集中亮相。其背景是不断有其他媒介力量"跨界"投资杂志，如《京华时报》《新京报》等报社，中信出版社等图书出版社，淘宝网等互联网商家，或凭借内容资源，或凭借渠道优势，或凭借媒体整合能力，纷纷进入杂志业。尤其是 2010 年 4 月，浙报传媒控股集团有限公司董事长高海浩表示，该集团将不再追加报纸投资，而将加大投资杂志业的力度，未来该集团将斥资 30 亿元，主要用于杂志投资及现代传媒集团打造；这可以说是为"众媒争做杂志图"添了浓墨重彩的一笔。

目前，纸质杂志在我国传媒产业中所占份额为 3.5%，是比电影（占 2.7%）、广播（占 1.7%）、音像（占 0.3%）更强势的传媒品种；[1] 电子杂志在种数上已与纸质杂志不相上下，有些品种（如以"中国知网"为代表的网络杂志全文数据库）的营利模式已经非常成熟。可见，杂志作为我国传媒业中为数不多的有较大资本进入缝隙的品种，具有投资规模相对小、赢利可能相对高、发展前景相对稳的特征，已在媒介融合中显露出一定程度的比较优势。

（2）生产：远离"杂志"，向深度化、独特化的"专志"靠拢。如何创造出让受众乐此不疲，甚至愿意为之付费的独特阅读/观看体验？

---

[1]　崔保国：《2010 年中国传媒产业总产值 5808 亿元　预计 2011 年将达 6882.4 亿元》，《中国报业》2011 年第 5 期。

这是在媒介融合的大趋势中，每一个媒介品种都须严肃思考的问题，因为无论是受众付费、广告商付费还是品牌资源购买者付费，其基础行为都是阅读/观看。而要获得这方面的线索，除了把目光投向市场的变迁与延续，似乎别无他途。对于中国杂志业来说，由于自身的市场化并没有充分展开，故在审视"市场"时，常常不得不把目光投向境外。

近年来，世界期刊市场风云变幻，曾经被视为行业标志的名牌大刊纷纷败走麦城：《读者文摘》申请破产保护；《商业周刊》被廉价出售；《美国新闻与世界报道》从周刊改为双周刊，又变成 1 年只出 10 期；而《时代》周刊已变得不能再薄了；2010 年 5 月，类似的消息再度传来——有着 77 年辉煌历史的《新闻周刊》身处被卖窘境，当年 8 月终被廉价出售……

但在媒体竞争充分的欧美市场，有一家期刊却经营得越来越风生水起，它就是英国名刊《经济学家》（The Economist）。该刊 1843 年创立，到 2011 年已有 168 年的历史。这位刊界"老者"在创刊 30 周年时发行量已达 3000 多本（这在当时是个可观的数字）；1938 年其发行量达到 1 万册，其中海外读者占了一半；1970 年其发行量突破了 10 万；1992 年达到 50 万；2005 年超过 100 万；目前，其纸质期刊每期发行量已超过 140 万本，其网站每月的访问人数超过了 400 万；在危机笼罩下的 2009～2010 财年，其税后利润仍增长了 1%，达到 3800 万英镑（近 4 亿人民币）。①

在解释《经济学家》一路走来不断壮大，且在"名门"同行与新媒体的夹击下大都日薄西山之际，该刊竟能加速发展的原因时，其总裁海伦·亚历山大（Helen Alexander）说，"我们是观点纸（Viewpaper），

---

① 许宏：《〈经济学人〉为何独树一帜?》，《看天下》2010 年第 21 期。

不是新闻纸（Newspaper）"。翻开《经济学家》周刊，它每一期的首页上都印着同样的话：加入"一场严肃的竞赛：让奋力前行的智慧战胜阻碍我们进步的卑劣而心虚的愚昧"。一百多年来，该刊就是在此独特理念的指引下，在经济学这一特定领域埋头深耕，以深度化、独特化的"专志"内容吸引了越来越多人的阅读/观看，进而赢得了市场。

《经济学家》造就的新的希望的"光环"，不禁让我们联想到了昔日名门远去的"背影"——美国时代集团旗下著名的《生活》停刊时，该刊主编分析原因道，"其他杂志正在专门化，而《生活》依然大众"。看来，做"专志"，远离"杂志"，不仅是纸质杂志生存的不二法门，而且又何尝不是微杂志区别于一般微博、手机杂志区别于手机报等其他手机阅读的根本特征呢？

（3）消费：联系"碎片"，追求有"重心"的精致化阅读/观看。互联网尤其是移动互联网的崛起，使我们身处社会的"碎片"化程度加剧。首先，信息的碎片化加剧了。一个有报道价值的事件发生后，微博能够迅速予以发布，门户网站能够在非常短的时间里推出相关专题……但这些"专题"其实普通人根本没有兴趣去阅读/观看，因为其中相当一部分内容都是没有重心的"碎片"，是信息垃圾。其次，人们阅读/观看时间的碎片化加剧了。网络上传下载的便利，使人们的乘坐公交工具时间、驾驶私家车等红灯时间甚至在上洗手间的时间，都成了典型的阅读/观看时间。

既然阅读/观看是现代人的"刚需"，那么杂志及其产业如何抓住这些"碎片"化的"刚需"，在媒体链上赢得自己的位置呢？

美国传播学家梅尔文·L.费德勒在其名著《大众传播学通论》中指出，"杂志一直把兴趣主要放在我们称为'因果关系'——解释社会及其各部分，预测发展趋势，并把零碎的事实联系起来，阐明新闻的意义。换言之，杂志是伟大的注释家"。如果说把"碎片"联系起来，使之具有"重心"，从而将阅读/观看转化为具有良好体验的精致化的阅读/观看，是杂志在消费方面的一个核心特点，那么，从微杂志、手机杂志、平板杂志、网络全文数据库等电子杂志，到传统的周刊、月刊等纸质杂志，它们在媒体链的不同环节上，去追求不同时空域限的"联系""重心""精致"，就必然是杂志在消费方面的重要发展趋势。

2011 年，我国纸质杂志市场呈现出高度集中态势：文摘类、时尚类、汽车类排名前三，市场份额均在 10% 以上，市场份额合计为 50%以上。① 这些数据显然在实践上印证了杂志消费的趋势：追求有"重心"的精致化阅读/观看。

（4）营销：把握"炫示"，契合新时代的符号性物我关系。在人类历史上，物我关系经历了两次重大的转变：第一次是从古希腊的超越、欧洲中世纪的救赎及中国传统的和合，转变为近代资本主义兴起以来的征服和占有，物的需求上升为人本质规定性。第二次是从人类进入消费社会以来，征服和占有又向"炫示"转变，物质的功能性正让位于其符号性。例如，一辆售价 10 万元的轿车和一辆售价 100 万元的轿车在载人基本功能方面几乎没有差别，其售价的天壤之别主要体现于标志不同社会身份等符号性表征。如果说媒介从来就与社会身份等符号性表征关系密切，那么杂志的情形如何呢？

从"中商情报网"发布的"2011 年 11 月杂志广告投放 TOP10 品牌"（依次为：香奈儿、欧莱雅、雅诗兰黛、兰蔻、玉兰油、克丽斯汀·迪奥、安利雅姿、奥迪、梅塞德斯—奔驰、卡地亚）来看，均为高档化妆品及高级成衣、轿车、珠宝等奢侈品牌，可见，我国杂志产业

① 田珂：《覆盖率与实销率不统一 二线城市将成"主战场"》，《中国新闻出版报》2011 年 12 月 6 日。

已经走在了契合"炫示"这一新时代符号性物我关系的道路上。

（5）产业链上的"热"关键词：多媒体杂志、开放获取、付费金字塔。目前国际期刊界出现了一些"多媒体杂志"的新形式，如杂志电视、电视时尚新闻、让读者用纸质杂志来操控电视节目情节变化等模式，以及常年跟踪青少年成长的主动式电子杂志等。国内杂志界在多媒体期刊方面也动作频频，如 2010 年，家庭期刊集团推出国内第一本全媒体概念杂志《赢未来》，借助互联网、移动通信平台，实现了纸质杂志、手机杂志、网络杂志的立体协同发展。再如 2011 年 5 月，时尚传媒集团宣布对创刊两年的电子杂志《最体育》进行升级，在互联网发行的 PC 版是一本深度阅读的电子杂志，在 iPad 等平板电脑上发行的是更具视觉效果的互动读物，在手机上发行的是一个适于碎片阅读的娱乐读品。

"开放获取"是指让学术文献通过网络供公众免费阅读。截至 2010 年 9 月，已有 16 个国家 53 个研究机构、管理资助机构制定了明确的"开放获取"政策。[①] 此概念在我国科技杂志界热度急升。但《中国科协科技期刊发展报告：2010》称，2009 年实现"开放获取"后发行收入"略有下降"和"大幅下降"的杂志比例，较 2007 年分别提高了 8.4% 和 6.8%。笔者亲历的个案经验是，一家科技期刊在其网站上进行了长达 2 年多的"开放获取"实验，其纸质形态经营受负面影响较大，于是叫停了"开放获取"。而后纸质形态广告额有了较大幅度提升，可电子形态的网站经营又开始遇到困难。这些现象表明，在我国目前科技杂志运作模式下，"开放获取"对于期刊经营单位来说还是个有待考量的选项。

---

① 张泽青：《2010 年中国期刊新现象》，《中国出版》2010 年 3 月（上）。

营销大师西斯·戈迪（Seth Godin）认为，媒体内容存在一个四层次的"付费金字塔"。从下往上，依次为："免费内容"，任何人都可以消费，其目的通常是吸引注意力，为付费内容做铺垫；"大众内容"，成本低廉，一个世纪以来一直是流行文化的引擎；"稀缺内容"，少见，因而价格更高；"预约内容"，很有限，因而价格昂贵。从期刊作为"连续"传播物的属性来看，其纸质形态的未来，显然主要在于做引领或顺应读者阅读期待的"预约内容"，而其新近延伸出的电子形态，至少也应做到"稀缺内容"以上，才更有希望在媒体链中生存并发展。而且，该理论也再次佐证了"开放获取"未必是杂志产业未来的中心运作模式。

3. 当下中国杂志产业改革发展的主攻方向及政策建议

（1）在我国寻求第三次改革突破的大背景下，市场导向的政策释放，将成为包括杂志产业在内的整个文化产业改革发展的主攻方向。改革开放以来，中国社会目前第三次到了急寻"改革突破口"的时刻。第一次改革突破，是以"实行包产到户，是联系群众，发展生产，解决温饱问题的一种必要的措施"的政治判断为基础，[①] 施行"家庭联产承包责任制"，在第一产业实施市场导向政策释放，使我国社会实现了由贫困向温饱的转型。第二次改革突破，是以"坚持改革开放是决定中国命运的一招"的政治判断为基础，[②] 建设"社会主义市场经济"，在第二产业实施市场导向政策释放，使社会实现了由温饱向小康的转型。从政治判断，到市场导向政策释放，再到社会转型，是已演绎了两次的"改革突破三部曲"。而无论是我国产业结构升级的急切要求，还是前两次改革突破已较高水平地释放了第一、第二产业增长能量的现

---

① 参见 1980 年 9 月中共中央颁发的《关于进一步加强和完善农业生产责任制的几个问题》。
② 《邓小平文选》第 3 卷，人民出版社，1993。

实，都内在地规定了第三次改革突破的领域，必定是在以文化产业为核心的第三产业——宏碁集团创办人施振荣先生提出的"微笑曲线"理论指出，任何产品要进入价值链高端，必然会成为与研发设计、市场营销相关的文化产业产品，故文化产业是第三产业的核心。从"改革突破三部曲"的逻辑来看，如果说在以文化产业为核心的第三产业实施市场导向政策释放，是第三个"改革突破口"的话，那么，相应的"以发展文化产业为中心"（这样才能体现出"一百年不动摇"的"以经济建设为中心"来）的政治判断宜尽快明确，才有助于本次改革突破的成功。事实上，十七届六中全会"决议"对文化产业的定位是"推动文化产业跨越式发展，使之成为新的经济增长点、经济结构战略性调整的重要支点、转变经济发展方式的重要着力点"，明显已露出了相关政治判断的端倪。

所以，循着"改革突破三部曲"的逻辑，将"以发展文化产业为中心"的政治判断作为基础，在以文化产业为核心的第三产业实施市场导向政策释放，促进我国社会实现由小康向富裕的转型，将是第三次改革突破的逻辑前景。在这个大背景下，市场导向的政策释放，必将成为包括杂志产业在内的整个文化产业改革发展的主攻方向，而期刊产业界亟待解决的问题，则是选择合理的路径和方法，来落实这一主攻方向。

（2）对时政类杂志，借鉴"准入宽松、事后审查"的管理模式。在对时政类杂志进行管理方面，笔者认为我国台湾地区在解除报禁以前采用的模式值得借鉴——"准入宽松、事后审查"的管理模式，一方面保证了让市场力量在杂志产业资源配置中起基础作用；另一方面，则"趋利避害"，既促使时政类杂志在台湾的行政合理化、公共政策的完善和民怨的解除等方面做出相当大的贡献，又避免了时政类杂志可能对社会稳定造成的冲击。从其"趋利避害"的绩效来看，显然是一种富于智慧且经受住了实践检验的管理模式。对于如何借鉴台湾地区对时政类杂志的管理方法需要认真研究，科学操作。

（3）对消费类杂志，促进其"集约化、集团化"发展。消费类杂志发展的历史和现实都显示，集约化、集团化是这类杂志发展的必由之路。以消费类杂志最发达的美国市场为例，其著名的赫斯特集团不仅拥有中国读者熟知的《大都会》《好管家》《美丽佳人》《十七岁》《君子》等消费类杂志，而且该集团在 2011 年还完成了对法国最大出版商拉加代尔集团法国本土以外期刊业务的收购。这笔价值 9.19 亿美元（包括 100 种杂志和 50 家网站）的交易完成后，赫斯特集团将拥有美国杂志市场一半的份额，以及美国以外的国际杂志市场一半的份额。[①]在世界上人均杂志消费量最高的澳大利亚，主要的两大传媒集团掌控了该国杂志总发行量的 70%。我国目前有市场影响力的杂志集团，也基本上是消费类杂志集团，如《读者》《时尚》《瑞丽》《知音》《家庭》等。未来要使我国消费类杂志取得进一步发展，在政策措施上就应为消费类杂志集团的扩张创造条件，倡导有条件的这类杂志集团进行基于市场考虑的横向、纵向扩展。

（4）对学术类杂志，进行准入、税收等支持，并保护其"多样性生态"。2010 年全国出版的 9884 种纸质杂志中，自然科学技术类有 4936 种，占 49.94%；哲学社会科学类有 2466 种，占 24.95%；两者（其中主要为学术类杂志）合计占总品种数的 74.89%。而由于纸质杂志出版单位同时也是电子杂志生产的重要力量，故电子杂志中学术类品种也不在少数。因此，说学术类杂志占我国杂志产业的"半壁江山"

---

① 一鸣：《赫斯特收购桦榭杂志业务即将完成》，《中国图书商报》2011 年 6 月 3 日。

并不为过，无论对我国的杂志产业来说，还是对国家的科教兴国战略来说，其重要性都是无可替代的。我国目前对学术类杂志的准入，也采取严格的审批制；未来是否应采取绝大多数国家对学术出版实施的登记制，宜尽快探讨。另外，我国目前对科技出版的税收政策是先征后返，与国外相关政策相较，此政策至少增加了一些工作环节和"灰色地带"，故完全可考虑对整个学术出版进行直接的税收减免。

在目前国际学术类杂志的出版格局中，尽管营利性的商业出版机构拥有的杂志数量占主导地位，但非营利性学（协）会杂志学术水平、影响力在各自领域中均处于领先位置。例如，在 SCI 收录的 7300 余种 STM 杂志中，非营利性学（协）会主办的杂志，在总被引用频次排名前 10 位中占 9 种，前 20 位中占 17 种，前 50 位中占 42 种，前 100 位中占 77 种。[①] 故发达国家政府在学术出版中，很注意在营利机构与非营利机构之间，以及大出版集团和中小出版者之间，保持一种"多样性生态"，以防止出现市场垄断，使学术出版更好地满足公众和国家需求。例如，爱思唯尔（Elsevier）集团曾试图与科拉沃（Kluwer）集团合并，以创建世界最大的专业性科学出版集团，就因政府反对而未能成功。我国学术类电子杂志中的网络全文数据库类别，目前就存在着"中国知网"一家独大、涉嫌定价垄断的现象，相关管理部门宜及时关注这类问题，以前瞻性的制度安排，保护我国学术杂志的"多样性生态"。

---

① 任胜利：《国外科技期刊的发展模式与特点》，《中国新闻出版报》2011 年 3 月 8 日。

参考文献

〔美〕罗伯特·艾伦编《重组话语频道：电视与当代批评理论》，车岭译，北京大学出版社，2008。

〔法〕罗兰·巴尔特：《恋人絮语：一个解构主义的文本》，汪耀进、武佩荣译，上海人民出版社，2004。

〔法〕罗兰·巴尔特：《符号学原理》，李幼蒸译，三联书店，1988。

〔俄〕巴赫金：《巴赫金全集》第三卷，白春仁、晓河译，河北教育出版社，1998。

〔美〕斯·贝斯特、道·凯尔纳：《后现代理论——批判性的质疑》，张志斌译，中央编译出版社，1999。

〔法〕让·鲍德里亚：《消费社会》，刘成富、全志钢译，南京大学出版社，2000。

〔法〕鲍德里亚：《生产之镜》，仰海锋译，中央编译出版社，2005。

〔法〕列维—布留尔：《原始思维》，丁由译，商务印书馆，2009。

〔美〕丹尼尔·贝尔：《资本主义文化矛盾》，赵一凡等译，三联书店，1989。

〔美〕丹尼尔·贝尔：《后工业社会的来临——对社会预测的一项

探索》，王宏周等译，商务印书馆，1984。

〔法〕安德烈·巴赞：《电影是什么?》，崔君衍译，江苏教育出版社，2005。

〔美〕露丝·本尼迪克特：《文化模式》，王炜等译，社会科学文献出版社，2009。

〔英〕齐格蒙特·鲍曼：《全球化——人类的后果》，郭国良、徐建华译，商务印书馆，2004。

〔英〕齐格蒙·鲍曼：《生活在碎片之中——论后现代道德》，郁建兴等译，学林出版社，2002。

陈传才：《中国 20 世纪后 20 年文学思潮》，中国人民大学出版社，2001。

程恩富主编《文化经济学通论》，上海财经大学出版社，1999。

陈启能、何兆武主编《当代西方史学理论》，五南图书出版公司，2002。

〔俄〕车尔尼雪夫斯基：《生活与美学》，周扬译，人民文学出版社，1959。

端木义万主编《美国传媒文化》，北京大学出版社，2001。

〔美〕梅尔文·德弗勒、埃弗雷特·丹尼斯：《大众传播通论》，颜建军等译，华夏出版社，1989。

〔德〕威廉·狄尔泰：《历史中的意义》，艾彦、逸飞译，中国城市出版社，2002。

〔美〕艾伦·杜宁：《多少算够——消费社会与地球的未来》，毕聿译，吉林人民出版社，1997。

费孝通：《乡土中国　生育制度》，北京大学出版社，1998。

〔美〕约翰·费斯克：《理解大众文化》，王晓珏、宋伟杰译，中央编译出版社，2006。

〔美〕约翰·费斯克：《电视文化》，祁阿红、张鲲译，商务印书馆，2005。

〔美〕埃里希·弗罗姆：《占有还是生存——一个新社会的精神基础》，关山译，三联书店，1988。

〔美〕罗杰·菲德勒：《媒介形态变化：认识新媒介》，明安香译，华夏出版社，2000。

〔法〕让·富拉斯蒂埃：《2001 年的文明》，朱邦造、陈立春译，商务印书馆，1996。

〔法〕米歇尔·福柯：《性史》，张廷琛等译，上海科学技术文献出版社，1989。

葛兆光：《道教与中国文化》，上海人民出版社，1987。

郭京龙、李翠玲主编《聚焦：劳动价值论在中国理论界》，中国经济出版社，2003。

国家统计局编《中国统计摘要》(2002)，中国统计出版社，2002。

〔美〕比尔·盖茨、内森·迈哈沃德、彼得·里尼尔森：《未来之路》，辜正坤主译，北京大学出版社，1996。

〔美〕艾尔文·古德纳：《知识分子的未来和新阶级的兴起》，顾晓辉、蔡嵘译，江苏人民出版社，2006。

胡惠林、单世联主编《文化产业研究读本（西方卷）》，上海人民出版社，2011。

〔德〕哈贝马斯：《公共领域的结构转型》，曹卫东等译，学林出版社，1999。

〔美〕霍尔、诺德拜：《荣格心理学纲要》，张月译，黄河文艺出版社，1987。

〔德〕马克斯·霍克海默、特奥多·威·阿多尔诺：《启蒙辩证法（哲学片断）》，洪佩郁、蔺月峰译，重庆出版社，1990。

江蓝生、谢绳武主编《2003年：中国文化产业发展报告》，社会科学文献出版社，2003。

金元浦、陶东风：《阐释中国的焦虑：转型时代的文化解读》，中国国际广播出版社，1999。

贾旭东：《利己与利他——"亚当·斯密问题"的人学解析》，北京师范大学出版社，2002。

〔美〕杰姆逊：《后现代主义与文化理论——弗·杰姆逊教授讲演录》，唐小兵译，陕西师范大学出版社，1987。

〔美〕詹姆逊：《快感：文化与政治》，王逢振等译，中国社会科学出版社，1998。

〔美〕詹姆逊：《政治无意识：作为社会象征行为的叙事》，王逢振、陈永国译，中国社会科学出版社，1999。

〔英〕安东尼·吉登斯：《现代性与自我认同：现代晚期的自我与社会》，赵旭东、方文译，三联书店，1998。

〔德〕恩斯特·卡西尔：《人论》，甘阳译，上海译文出版社，2004。

〔芬〕安蒂·卡斯维奥：《传媒和文化产业》，林拓、李惠斌、薛晓源主编《世界文化产业发展前沿报告（2003～2004）》，社会科学文献出版社，2004。

〔英〕凯恩斯：《就业、利息和货币通论》，高鸿业译，商务印书馆，2009。

〔美〕刘易斯·科塞：《理念人——一项社会学的考察》，郭方等译，中央编译出版社，2001。

〔美〕戴安娜·克兰:《文化生产:媒体与都市艺术》,赵国新译,译林出版社,2001。

李泽厚:《李泽厚十年集》,安徽文艺出版社,1994。

李景源:《中国哲学 30 年(1978~2008)》,中国社会科学出版社,2008。

李河:《巴别塔的重建与解构——解释学视野中的翻译问题》,云南大学出版社,2005。

李幼蒸:《理论符号学导论》,中国社会科学出版社,1993。

李德顺:《价值论》,中国人民大学出版社,2007。

李铁映、张昕主编《预测决策方法》,辽宁科学技术出版社,1984 年。

李志才主编《方法论全书(Ⅱ)·应用逻辑学方法》,南京大学出版社,1998。

李会滨等编《社会主义与 21 世纪》,中央编译出版社,2000。

陆贵山主编《中国当代文艺思潮》,中国人民大学出版社,2002。

陆扬、王毅:《大众文化与传媒》,上海三联书店,2001。

刘小枫:《现代性社会理论绪论——现代性与现代中国》,(香港)牛津大学出版社(中国)有限公司,1986。

罗钢、王中忱主编《消费文化读本》,中国社会科学出版社,2003。

罗钢、刘象愚主编《文化研究读本》,中国社会科学出版社,2000。

〔美〕波林·罗斯诺:《后现代主义与社会科学》,张国清译,上海译文出版社,1998。

〔美〕克里斯多夫·拉斯奇:《自恋主义文化》,陈红雯、吕明译,上海文化出版社，1988。

〔德〕莱辛：《拉奥孔》，朱光潜译，人民文学出版社，1979。

毛崇杰：《20世纪中下叶的马克思主义美学思想》（马克思主义美学思想史：第三卷），中央编译出版社，1999。

敏泽、党圣元：《文学价值论》，社会科学文献出版社，1997。

〔英〕大卫·麦克奎恩：《理解电视——电视节目类型的概念与变迁》，苗棣、赵长军、李黎丹译，华夏出版社，2003。

马俊山：《走出现代文学的"神话"》，中国社会科学出版社，2002。

〔美〕马尔库塞：《爱欲与文明：对弗洛伊德思想的哲学探讨》，黄勇、薛民译，上海译文出版社，2005。

〔美〕马尔库塞：《单向度的人》，刘继译，上海译文出版社，2006。

〔加〕马歇尔·麦克卢汉：《理解媒介——论人的延伸》，何道宽译，商务印书馆，2000。

〔美〕C.赖特·米尔斯：《白领：美国的中产阶级》，周晓虹译，南京大学出版社，2006。

〔德〕卡尔·曼海姆：《意识形态与乌托邦》，黎鸣、李书崇译，商务印书馆，2000。

南帆：《叩访感觉》，东方出版中心，1999。

〔英〕威廉·配第：《赋税论、献给英明人士、货币略论》，陈冬野等译，商务印书馆，1978。

〔德〕潘能伯格：《人是什么——从神学看当代人类学》，李秋零、田薇译，香港道风山基督教丛林，1994。

祁述裕：《中国文化产业发展战略研究》，社会科学文献出版社，2008。

R. John，P. Robinson，Phillip R. Shaver，Lawrence S. Wrightsman 主编《性格与社会心理测量总览（下）——信念、态度及特质篇》，杨宜音、彭泗清等译校，远流出版事业股份有限公司，1997。

〔美〕理查德·舒斯特曼：《实用主义美学——生活之美，艺术之思》，彭锋译，商务印书馆，2002。

〔苏联〕列·斯托洛维奇：《审美价值的本质》，凌继尧译，中国社会科学出版社，1984。

〔英〕亚当·斯密：《国富论（国民财富的性质和原因的研究)》上卷，杨敬年译，陕西人民出版社，1999。

〔英〕彼罗·斯拉法主编《李嘉图著作和通信集》第一卷，郭大力、王亚南译，商务印书馆，1981。

〔英〕阿兰·斯威伍德：《大众文化的神话》，冯建三译，三联书店，2003。

〔美〕沃纳·赛佛林、小詹姆斯·坦卡德：《传播理论：起源、方法与应用》，郭镇之等译，华夏出版社，2000。

〔美〕萨义德：《知识分子论》，单德兴译，三联书店，2002。

〔美〕查尔斯·L. 斯蒂文森：《伦理学与语言》，姚新中、秦志华等译，中国社会科学出版社，1991。

〔英〕爱德华·泰勒：《原始文化——神话、哲学、宗教、语言、艺术和习俗发展之研究》，连树声译，广西师范大学出版社，2005。

万俊人：《现代西方伦理学史》下卷，北京大学出版社，1992。

〔德〕马克斯·韦伯：《新教伦理与资本主义精神》，李修建、张云江译，中国社会科学出版社，2009。

〔美〕许烺光：《宗族·种姓·俱乐部》，薛刚译，华夏出版社，1990。

许仁忠：《模糊数学及其在经济管理中的应用》，西南财经大学出版社，1987。

向勇主编《北大文化产业前沿报告》，群言出版社，2004。

袁济喜：《和：审美理想之维》，百花洲文艺出版社，2001。

余虹：《审美文化导论》，高等教育出版社，2006。

余潇枫、崔浩等：《知识经济与思想文化的变迁》，浙江大学出版社，1997。

叶朗主编《中国文化产业年度发展报告（2004）》，湖南人民出版社，2004。

叶纪彬：《艺术创作规律论》，东北师范大学出版社，1987。

叶舒宪选编《神话—原型批评》，陕西师范大学出版社，1987。

喻国明、刘夏阳：《中国民意调查》，中国人民大学出版社，1993。

尹鸿：《世纪转折时期的中国影视文化》，北京出版社，1998。

杨国枢编《中国人的价值观——社会科学观点》，桂冠图书股份有限公司，1994。

姚曦编著《广告概论》，武汉大学出版社，2002。

〔英〕特里·伊格尔顿：《历史中的政治、哲学、爱欲》，马海良译，中国社会科学出版社，1999。

张晓明：《伟大的共谋：市场经济条件下的利益关系研究》，中国人民大学出版社，2002。

张旭东编《晚期资本主义的文化逻辑——詹明信批评理论文选》，陈清侨等译，（香港）牛津大学出版社，1996。

张晶：《中国古代多元一体的设计文化》，上海文化出版社，2007。

〔英〕张京媛主编《新历史主义与文学批评》，北京大学出版社，1993。

章建刚、杨志明：《艺术的起源》，云南大学出版社，1996。

朱狄：《原始文化研究》，三联书店，1988。

Anthony Giddens, Sociology: *A Brief but Critical Introduction*, London and Basingstoke: The Macmillan Press Ltd. , 1982.

Charles E. Morrison and Robert F. Dernberger, eds. , Focus: China in the Reform Era, Asia – Pacific Report 1989, Honolulu: East – West Center, 1989.

Dominic Strinati, *An Introduction to Theories of Popular Culture*, London and New York: Routledge, 2004.

David Croteau, William Hoynes, *Media/Society: Industries, Images, and Audiences.* Thousand Oaks: Pine Forge Press, 2003.

Edward Shils, *The Intellectuals and the Powers*, Chicago and London: The University of Chicago Press, 1972.

Guy Debord, *Society of the Spectacle*, Translated by Ken Knabb, London: Rebel Press, 1983.

Herbert Marcuse, *Towards a Critical Theory of Society*, Edited by Douglas Kellner, London and New York: Routledge, 2001.

Jean Baudrillard, *Symbolic Exchange and Death*, Translated by Iain Hamilton Grant, London: SAGE Pubilcations, 1993.

J. T. W. Hubbard, *Magazine Editing: How to Acquire the Skills You Need to Win a Job and Succeed in the Magazine Business*, New Jersey: Prentice – Hall, Inc. , 1982.

J. William Click, Russell N. Baird, *Magazine Editing and Production*, Dubuque: Wm. C. Brown Publishers, 1986.

Pauline Gregg, Modern Britain: *A Social and Economic History Since 1760*, New York: Pegasus, 1967.

Pierre Bourdieu, Distinction: *A Social Critique of the Judgement of Taste*, Translated by Richard Nice, London, Melbourne and Henley: Routledge & Kegan Paul, 1984.

后　记

存在还是灭亡？这是辛亥革命后进入现代以来，中华民族一直在求解的问题。而学术工作的意义，除了人类求解世界的层面，显然还有为本民族的生存积累观念和精神资源等层面，因此，在本书这项意义微薄的学术工作成果即将付梓之际，我想兑现自己多年来的一个祈愿，即在某个公共话语空间，向心目中现代中华民族的三位精神导师——赵一曼、钱学森、毛泽东——致敬！我认为，这三位分别用自己的生命书写出的坚强不屈、智勇双全、以斗求胜等观念和精神资源，对现代中华民族得以在地理、精神空间的存在贡献巨大。在此意义上，他们所做的与学术工作殊途同归；同样是在此意义上，我对李泽厚先生的中国现代思想史是启蒙和救亡的双重变奏，最后启蒙压倒了救亡的观点，深表质疑——辛亥革命以来，哪次救亡不是深刻的启蒙？哪场启蒙不是决绝的救亡？

作为一项学术工作成果，本书内容涉及当代中国大众文本的价值学资源梳理、当代中国杂志业由计划到市场的转型，其大背景是改革开放——中华民族作为一个"物种"在世界民族之林中演绎的一幕"适者生存"的活剧。当代世界的最新重要变迁之一，是物质生产和精神生产的高度融合，所以，如果我们的精神生产长期落后，"世界工厂"也将不可持续。而探索中国杂志产业的改革发展之路，进而管窥中国整个文化产业的繁荣之途，乃是本书的最重要内容。

本书是在众多师友、亲人帮助下完成的。扪心自问，本书确实还应献给他们：中国社会科学院文化研究中心的李景源、张晓明、章建刚、李河、贾旭东、惠鸣、意娜、王艳芳、祖春明、宋存洋、王莹莹、李志慧等师友及哲学研究所的相关领导，人事处、科研处的诸位老师；中国人民大学的陆贵山、陈传才、金元浦、袁济喜、余虹、程光炜、杨慧林、杨恒达、叶君远等老师和同学们；辽宁师范大学的叶纪彬、马俊山、张晶、王卫平、颜邦逸等老师和同学们；河北师范大学（原河北师范学院）的老师和同学们；中国新闻出版研究院的郝振省院长、闫京萌副编审；中国轻工业出版社的赵振环、杜文勇、赵济清、周洪滨、赵丽华、浦月忠、郝嘉杰、劳国强、李曙光、李英、江波等领导和友人；王建敏、梁陆青及其他我非常抱歉无法在此一一具名的师友们；我的父母、爱妻、女儿和其他家人。

宋革新

2012 年 7 月

图书在版编目（CIP）数据

当代中国大众文本价值考：兼从商业杂志变迁管窥
文化产业前途 / 宋革新著 . —北京：社会科学文献出
版社，2013.6
（文化中国书系）
ISBN 978 - 7 - 5097 - 4779 - 7

Ⅰ.①当…　Ⅱ.①宋…　Ⅲ.①文化产业 - 研究 -
中国 - 现代　Ⅳ.①G124

中国版本图书馆 CIP 数据核字（2013）第 137163 号

·文化中国书系·

当代中国大众文本价值考
——兼从商业杂志变迁管窥文化产业前途

著　者／宋革新

出 版 人／谢寿光
出 版 者／社会科学文献出版社
地　　址／北京市西城区北三环中路甲 29 号院 3 号楼华龙大厦
邮政编码／100029

责任部门／皮书出版中心（010）59367127　　　　责任编辑／王　颉
电子信箱／pishubu@ssap.cn　　　　　　　　　责任校对／杜绪林
项目统筹／邓泳红　桂　芳　　　　　　　　　　责任印制／岳　阳
经　　销／社会科学文献出版社市场营销中心（010）59367081　59367089
读者服务／读者服务中心（010）59367028

印　　装／北京鹏润伟业印刷有限公司
开　　本／787mm×1092mm　1/16　　　　　　　印　张／14.5
版　　次／2013 年 6 月第 1 版　　　　　　　　字　数／185 千字
印　　次／2013 年 6 月第 1 次印刷
书　　号／ISBN 978 - 7 - 5097 - 4779 - 7
定　　价／55.00 元